Pyszne 25

Dedykuję tę książkę mojej mamie, która przygotowała swoją pierwszą zupę, dopiero gdy założyła rodzinę, a dziś jest jedną z najlepiej gotujących znanych mi osób.
Dedykuję ją także mojej starszej siostrze Kasi, która swoją pierwszą zupę ma dopiero przed sobą, z nadzieją że te przepisy przekonają ją do tego, że gotowanie, pieczenie, smażenie to nic trudnego, ba, że to może być frajda nawet dla niej – kuchennej ignorantki.

Anna Starmach

Pyszne 25

NA SŁONO, NA SŁODKO

znak litera nova
Krakow 2013

SPIS TREŚCI

NA SŁONO

NA SŁODKO

Małe szarlotki sypane – 110

Bananowo-karmelowy deser dla łasucha – 116

Ciasteczka z czekoladą – 122

Ciasteczka owsiane z orzechami i rodzynkami – 128

Zapiekanka waniliowa z owocami – 112

Ryż waniliowy z karmelizowanymi jabłkami – 118

„Ślimaki" z ciasta francuskiego z rodzynkami – 124

Pączki ptysiowe – 130

Błyskawiczny sorbet owocowy – 114

Ciasteczka w piegi – 120

Kokosanki – 126

Palmiers, czyli karmelizowane ciasto francuskie – 132

Tiramisu – 134

Piszinger mojej mamy – 140

Czekoladowe brownie – 146

Krem z białej czekolady z migdałami – 152

Mus czekoladowy – 136

Trufle czekoladowe – 142

Fondant z płynną czekoladą – 148

Krem bananowy z krówkami – 154

Czekolada na gorąco z wanilią – 138

Torcik orzechowy babci Romy – 144

Krem czekoladowy z orzechami laskowymi – 150

Słodko-kwaśny krem cytrynowy – 156

Nie wiem czy to twoja pierwsza książka kucharska, ale na pewno jedyna, która będzie ci towarzyszyć każdego dnia, która udowodni ci, że gotowanie może być proste i przyjemne, z którą nie będziesz mógł się rozstać. Wystarczy jedyne dwadzieścia pięć minut w kuchni i nie więcej niż dwadzieścia pięć złotych na zakupy, aby przygotować coś pysznego.

Ta książka to aż siedemdziesiąt pomysłów na pyszne śniadania, obiady, podwieczorki, kolacje... Wszystkie przepisy są sprawdzone nie raz i nie dwa: były testowane na mojej rodzinie, przyjaciołach oraz znajomych. Są proste (niektórym może się wręcz wydawać, że za proste) i nie wymagają skomplikowanych składników. Znajdziesz tu przepisy na swoje ulubione dania albo poznasz całkiem nowe smaki. Pokażę ci, jak zrobić najlepsze na świecie zapiekanki, przyrządzić aromatyczne mięsa i ryby, upiec tort bez pieczenia i przygotować najlepszy na świecie krem czekoladowy do chleba.
To książka inna niż wszystkie, bo od dziś to twoja książka. Notuj w niej, pisz na marginesach, zaginaj strony, doklejaj uwagi, zmieniaj proporcje, dokładaj składniki. Gotowanie to zabawa, bardzo pożyteczna zresztą, bo przynosi smaczne efekty. Ucieszą one nie tylko ciebie, ale i twoich bliskich.
Nareszcie nie trzeba się zastanawiać: Co dzisiaj ugotować? Co kupić? Koniec z marudzeniem na temat braku czasu, tudzież wypchanego portfela, od dziś gotować może każdy.

NA SŁONO

Mogę się założyć, że lubisz dobre jedzenie, smaczne i ładnie podane przekąski, obiady, kolacje. Przed tobą trzydzieści pięć prostych przepisów, dzięki którym twoje posiłki już nigdy nie będą nudne. Możesz trzymać się sztywno receptur albo dowolnie je interpretować. Możesz łączyć sałatki z mięsami, rybami. Podaję ci przepis na oryginalne meksykańskie guacamole, które świetnie pasuje do domowego hamburgera! Nie masz ochoty na mięso? To może skusisz się na łososia marynowanego z przepisu mojego taty albo na pstrąga z masłem ziołowym. W tej części książki znajdziesz też pomysły na włoskie pasty, risotta i pizzę oraz na gorące i rozgrzewające zupy.
Tych przepisów nie da się zepsuć, można je tylko ulepszać. Jak? Używając świeżych i aromatycznych produktów. Najlepiej więc warzywa i zioła kupować na targu u sprawdzonych sprzedawców, po ryby i mięsa sięgać tylko wtedy, gdy ma się pewność co do ich jakości i świeżości. Jak można być pewnym? Oglądaj, wąchaj, pytaj. Nie wstydź się. I nie bój się gotować, gwarantuję, że będzie pysznie!

Warzywa zapiekane z fetą

Jeśli feta kojarzy ci się głównie z sałatką grecką, musisz wypróbować ten przepis. Feta z dodatkiem pieczonej papryki, cukinii, bakłażana i tymianku to po prostu bajka. W ciepłe dni jem tę zapiekankę lekko ostudzoną, w zimie, gdy chcę się rozgrzać, zjadam natychmiast po wyjęciu z piekarnika. Zarówno w wersji na zimno, jak i na gorąco jest pyszna.

Składniki (dla 3–4 osób)

1 bakłażan
2 cukinie
1 czerwona papryka
1 żółta papryka
200 g sera typu feta
oliwa z oliwek
3 ząbki czosnku
garść czarnych oliwek (bez pestek)
świeży tymianek (4–5 gałązek)
sól

Przygotowanie

- Rozgrzej piekarnik do temperatury 200 st. C.
- Warzywa umyj i pokrój w cienkie, krótkie paski (4–5 cm), dodaj oliwki przekrojone na połówki oraz obrany i rozgniecony czosnek, gałązki tymianku i odrobinę soli. Umieść składniki w naczyniu żaroodpornym.
- Całość skrop dość obficie oliwą (4–5 łyżek) i wymieszaj.
- Wstaw do piekarnika na 10 minut.
- Po 10 minutach na warzywach ułóż plastry sera feta i wstaw ponownie do piekarnika na 10 minut.

Pomidory po prowansalsku

Ekipa na planie programu *Pyszne 25* patrzyła na przygotowane przeze mnie danie z dużą rezerwą. „Aniu, z tego nic dobrego nie ma prawa powstać, to tylko pomidory, bułka tarta i zioła" – twierdzili z przekąsem. Zmienili zdanie, gdy tylko poczuli zapach warzyw wyjmowanych z piekarnika, a po nakręceniu odcinka bardzo żałowali, że nie przygotowałam podwójnej porcji.

Składniki (dla 4 osób)

8 dojrzałych pomidorów
200 g bułki tartej
świeże zioła: garść rozmarynu, tymianku, oregano i bazylii
8 ząbków czosnku
oliwa z oliwek
sól, pieprz

Przygotowanie

- Rozgrzej piekarnik do temperatury 190 st. C.
- Zioła i obrany czosnek drobno posiekaj i przełóż do miski.
- Od pomidorów odkrój czubek, wydrąż środek. Miąższ przełóż do miski z ziołami i czosnkiem.
- Następnie dodaj bułkę tartą, sól, pieprz i tyle oliwy z oliwek, aby całość miała konsystencję mokrego piasku.
- Tak przygotowanym farszem napełnij wydrążone pomidory i wstaw je do piekarnika na 15 minut. W tym czasie pomidory powinny zmięknąć, a bułka tarta z wierzchu delikatnie się przyrumienić.

Cukinia faszerowana

Aby faszerować cukinię, przeważnie kroi się ją na połowę i usuwa z niej nieco miąższu. To danie będzie bardziej eleganckie i będzie się lepiej prezentować, jeżeli zrobisz je moim sposobem… bo przecież „je się oczami".

Składniki (dla 3–4 osób)

4 cukinie
200 g sera feta
100 g suszonych pomidorów
garść świeżego tymianku
garść czarnych oliwek

Przygotowanie

- Potrzebna ci będzie mała łyżeczka do robienia kulek. Za jej pomocą wydrąż środek każdej cukinii (odkrój końce, a potem dobieraj się do niej z jednej i drugiej strony).
- Fetę przełóż do miski i rozdrobnij widelcem.
- Pomidory, oliwki i tymianek drobno pokrój, dodaj je do fety i wymieszaj.
- Tak przygotowany farsz przekładaj do wydrążonych cukinii. Krój je na półtoracentymetrowej grubości plastry i przysmażaj je z obu stron na patelni z odrobiną oliwy.

Najlepsze guacamole

Ten przepis podała mi koleżanka z Meksyku i od tej pory żadne inne guacamole nie smakuje mi tak bardzo. Ona też poradziła mi, że jeśli awokado jest twarde, należy owinąć je w gazetę i umieścić na dzień lub dwa w ciepłym, słonecznym miejscu, np. na parapecie. Dlaczego w gazetę? Nie wiem, ale to działa.

Składniki (dla 2–3 osób)

2 dojrzałe awokado
sok z 1 limonki
1 ząbek czosnku
1/2 małej papryczki chili
1 pomidor
garść świeżej kolendry
2 łyżki oliwy z oliwek
sól, pieprz

Przygotowanie

- Pomidora podziel na ćwiartki, wytnij miąższ, a resztę pokrój w drobną kostkę i przełóż do miski.
- Papryczkę (bez pestek) i czosnek pokrój drobno i połącz z pomidorami.
- Awokado przekrój na połówki, pozbądź się pestki, a miąższ wydrąż łyżką i rozgnieć widelcem, przełóż go do miski.
- Wszystkie składniki wymieszaj i dopraw sokiem z limonki, solą, pieprzem.
- Posiekaną kolendrę dodaj do pozostałych składników i ponownie wymieszaj.
- Guacamole to idealny dodatek do nachos, tortilli, a nawet kromki chleba.

Hummus

Przepis dedykuję mojej starszej siostrze, która – jak wspomniałam na początku książki – z gotowaniem ma mało wspólnego i zdarza jej się jeść co popadnie. Ale w jednej kwestii moja siostra jest ekspertem – ekspertem od hummusu, gdyż jadła go w wielu krajach, miastach, restauracjach i domach. Potrafi rozpoznać wszystkie braki i niedociągnięcia, bo wie, jak naprawdę powinien smakować. Hummus według tego przepisu bardzo jej smakuje, zawsze bierze dokładkę, a to dla mnie największy komplement.

Składniki (dla 2–3 osób lub jednej żarłocznej siostry)

puszka ciecierzycy o pojemności 400 ml
2 łyżki sezamowej pasty tahini
1 ząbek czosnku
3 łyżki niegazowanej wody
sok z 1/2 cytryny
natka pietruszki
sól, pieprz

Przygotowanie

- Ciecierzycę odsącz z zalewy i umieść w misie robota kuchennego (lub w wysokim naczyniu jeśli będziesz używać blendera). Dodaj obrany i pocięty czosnek.
- Do miski robota dodaj także sok z cytryny, wodę, pastę sezamową, szczyptę soli i pieprz.
- Zmiksuj całość na pełnych obrotach. Jeśli masa nie będzie chciała się zmiksować, zatrzymaj urządzenie i wymieszaj całość łyżką. Włącz robota ponownie.
- Gotowy hummus posyp posiekaną pietruszką (jeśli nie lubisz natki, pomiń ten krok)
- Hummus to idealny dodatek do kromki świeżego chleba, grzanek czy paluszków.

Placuszki z cukinii

Jak byłam mała, miałam tzw. jedzeniowe mody i mogłam jeść w kółko to samo. Tak było ze szpinakiem, z pomidorami i z cukinią. Moja mama, chcąc oszczędzić domownikom konieczności jedzenia na okrągło zupy z cukinii, zaproponowała mi te placuszki. Uwielbiałam je jeść i przygotowywać. Brałam do ręki tarkę, cukinię i wydawało mi się wówczas, że oto właśnie przygotowuję najlepsze danie pod słońcem. A może wcale mi się nie wydawało?

Składniki (dla 2–3 osób)

2 średniej wielkości cukinie
90 g mąki
1 jajko
1 płaska łyżeczka soli
oliwa

SOS CZOSNKOWY

70 ml gęstego jogurtu naturalnego
30 g majonezu
2 ząbki czosnku
1/2 pęczka koperku

Przygotowanie

- Cukinie umyj i zetrzyj na tarce o dużych oczkach, przełóż nad sitko i odciśnij rękoma, pozbywając się nadmiaru wody.
- Cukinię przełóż do miski, dodaj jajko i wymieszaj. Stopniowo dodawaj mąkę i sól, wymieszaj ponownie.
- Rozgrzej patelnię, nalej na nią odrobinę (naprawdę niedużo) oliwy i nakładaj placuszki łyżką. Smaż je ok. 3 minut z każdej strony.
- Podczas gdy placuszki się smażą, w misce przygotuj sos: czosnek i koperek posiekaj, włóż do miseczki, dodaj jogurt i majonez. Składniki wymieszaj i dopraw do smaku.
- Gotowe placuszki podawaj z sosem czosnkowo-koperkowym.

Zapiekanka z brokułami i cukinią

Lubię zapiekanki, najbardziej te z serem i z warzywami. Uwielbiam obserwować, jak ser się topi, a potem przypieka, jak wszystkie składniki się łączą. W tej zapiekance dodatkiem wpływającym na konsystencję jest sos beszamelowy. Przygotujesz go raz i zapragniesz go dodawać do każdej potrawy.

Składniki (dla 2–3 osób)

500 g brokułów
2 cukinie
1 łyżka oliwy
3 ząbki czosnku
60 g oscypka
2 łyżki masła
2 łyżki mąki
250 ml mleka
gałka muszkatołowa
sól, pieprz

Przygotowanie

- Rozgrzej piekarnik do temperatury 190 st. C (z termoobiegem).
- W niedużym garnku zagotuj wodę.
- Warzywa umyj, cukinię pokrój w plasterki, z brokułów wytnij małe różyczki.
- Czosnek obierz i drobno posiekaj.
- Różyczki brokułów włóż do wrzątku i gotuj 5 minut. Odcedź.
- Na patelni rozgrzej oliwę, dodaj czosnek i po minucie przygotowane uprzednio warzywa. Smaż przez 3–4 minuty.
- Podczas gdy warzywa się smażą, przygotuj sos beszamelowy: w małym rondelku rozpuść masło, dodaj mąkę i wymieszaj. Cienkim strumieniem dolewaj mleko, cały czas intensywnie mieszając sos rózgą lub mikserem.
- Beszamel dopraw do smaku solą, pieprzem i odrobiną gałki muszkatołowej.
- Przysmażone warzywa przełóż do formy żaroodpornej, polej sosem beszamelowym i na wierzchu ułóż plasterki oscypka.
- Zapiekaj ok. 15 minut.

Domowe frytki

Miałam to szczęście, że wychowywałam się w rodzinie, w której rodzice dbali o to, by jedzenie na stole zawsze było dobrej jakości. Jako mała dziewczynka nie wiedziałam, co to restauracja McDonald's do czasu, kiedy w szkole okazało się, że mówią o niej wszystkie dzieci.
„Mamo, mamo, chodźmy tam" – prosiłam. „Aniu, jak bardzo chcesz, to pójdziemy. Ale wiesz, możemy coś podobnego, ale dużo lepszego i zdrowszego, przygotować w domu" – odpowiadała mama.
I tak nauczyłam się robić te niby-fastfoodowe, ale przy tym domowe i niskotłuszczowe frytki. Mama zrobiła też pyszny keczup i majonez. Dzięki temu po raz kolejny utwierdziła mnie w przekonaniu, że to nasz dom jest restauracją inną niż wszystkie.

Składniki (dla 3–4 osób)

5 dużych ziemniaków
sól
1 łyżeczka oleju

Przygotowanie

- Rozgrzej piekarnik do temperatury 200 st. C (z termoobiegem).
- W garnku zagotuj wodę z dodatkiem soli.
- Ziemniaki dokładnie umyj i pokrój w plastry, a następnie w cienkie paski, włóż je do garnka z gorącą wodą i gotuj ok. 5 minut. Odcedź i przełóż do miski. Następnie dodaj olej, odrobinę soli i wymieszaj
- Frytki układaj obok siebie na blasze do pieczenia.
- Wstaw do piekarnika na mniej więcej 18 minut lub do czasu, aż się lekko zarumienią.
- Podawaj z domowym keczupem lub/i majonezem (patrz przepis str. 161,160).

Błyskawiczne fondue serowe

W tym przepisie tylko raz używasz noża, tylko dwa razy otwierasz piekarnik i potrzebujesz tylko 4 składników. A efekty jest doskonały.

Składniki (dla 2 osób)

1 ser camembert w drewnianym opakowaniu (ważne!)
świeży tymianek
łyżka miodu
4 kromki chleba

Przygotowanie

- Ser otwórz, rozwiń z papierka, odkrój wierzchnią, białą warstwę.
- Camembert polej miodem i posyp tymiankiem. W oryginalnym drewnianym opakowaniu (bez wieczka) włóż go do piekarnika o temperaturze 200 st. C na 10–15 minut (aż ser się rozpuści).
- Kromki chleba pokrój w paski i włóż do piekarnika na 3 minuty.
- Ciepłe grzanki maczaj w płynnym serze. Takie proste, takie dobre.

Biało-zielony krem ze szparagów

Z pewnością znasz taką zupę z czasopisma lub restauracji, ale czy kiedyś zdarzyło ci się ugotować ją w domu? Dwa kolory, dwa uzupełniające się smaki i pojawiające się w głowie pytanie: czemu nie mieszają się na talerzu? Gdy ją zrobisz, to się przekonasz.

Składniki (dla 2–3 osób)

2 pęczki szparagów zielonych i białych (jeden takich jeden takich, to jest jasne?)
2 cebulki szalotki
1 ząbek czosnku
4 łyżki masła
500 ml bulionu (przepis patrz str. 160, jeśli nie masz czasu, użyj wody)
200 ml śmietanki kremówki
50 g płatków migdałowych
sól, pieprz

Przygotowanie

- Białe szparagi umyj i obierz. Następnie przełam je: grubsza część jest niestety do wyrzucenia, jest niesmaczna i włóknista, cieńszą część pokrój na mniejsze kawałki.
- Zielone szparagi umyj. Nie trzeba ich ani obierać, ani łamać. Pokrój je podobnie, jak białe szparagi.
- Cebule i czosnek drobno posiekaj.
- W dwóch garnkach rozpuść masło i smaż w nich po połowie ilości czosnku i cebuli (ok. 2 minut).
- Następnie do jednego garnka dodaj białe szparagi, do drugiego zielone. Smaż je przez 3 minuty. Do każdego garnka wlej 250 ml bulionu lub wody. Gotuj całość ok. 8 minut.
- Zmiksuj blenderem zawartość obu garnków na gładką masę. Do każdego garnka wlej 100 ml śmietanki. Zagotuj i dopraw do smaku.
- Rozgrzej patelnię i wsyp na nią płatki migdałowe. Grilluj ok. 2 minut, aż lekko zbrązowieją.
- Aby na talerzu otrzymać dwukolorową zupę, w jedną rękę weź garnek z białą, a w drugą z zieloną zawartością. Powoli i równocześnie nalewaj zupy z dwóch stron tego samego talerza. Kolory nie powinny się wymieszać.
- Podawaj z grillowanymi płatkami migdałowymi.

Krem porowy z serem pleśniowym

To wariacja na temat tradycyjnej zupy z pora. Ser pleśniowy dodaje ostrości, grzanki – chrupkości. Krem przygotowuje się bardzo szybko, w sam raz na obiad *last minute*.

Składniki (dla 2–3 osób)

5 porów średniej wielkości
200 ml śmietanki kremówki 30%
200 g sera z niebieską pleśnią
3 ząbki czosnku
2 łyżki masła
500 ml bulionu (przepis patrz str. 160) lub wody
4 kromki chleba
sól, pieprz

Przygotowanie

- Od porów odetnij grube zielone części, następnie natnij je na krzyż (ale nie do końca) i dokładnie umyj pod bieżącą wodą. Następnie osusz i drobno pokrój.
- Czosnek obierz i pokrój.
- W rondlu lub głębokiej patelni rozgrzej łyżkę masła. Dodaj czosnek, a po minucie pory. Smaż składniki ok. 5 minut.
- Pory zalej bulionem lub wodą i gotuj ok. 10 minut.
- Zmiksuj zupę blenderem.
- Do kremu z porów dodaj śmietankę i pokruszony ser. Całość zagotuj.
- Chleb pokrój w kostkę i przysmaż na maśle.
- Krem porowy podawaj z grzankami.

Zupa-krem z pomidorów i papryki

Ta zupa jest doskonała, gdy jest gorąca. Smakuje wyśmienicie również na zimno, jako orzeźwiające gaspacho (wtedy lepiej nie dodawać śmietanki i zastąpić ją np. drobno pokrojonymi ogórkami). Więc tylko od ciebie i od twojego nastroju zależy, w jakiej formie ją podasz.

Składniki (dla 2–3 osób)

500 ml passaty pomidorowej lub gęstego przecieru pomidorowego
150 ml śmietanki 30%
2 czerwone papryki
3 pomidory
2 łyżeczki słodkiej papryki
1 łyżeczka ostrej papryki
1 łyżka oliwy z oliwek
świeża kolendra lub pietruszka
sól, pieprz

Przygotowanie

- Passatę przelej do garnka i zagotuj.
- Pomidory i paprykę umyj i pokrój w kostkę.
- Na patelni rozgrzej odrobinę oliwy. Dodaj do niej paprykę, pomidory, słodką i ostrą paprykę i smaż ok. 10 minut, mieszając od czasu do czasu.
- Składniki z patelni dodaj do passaty. Miksuj blenderem aż do uzyskania gładkiej konsystencji.
- Do zupy dodaj śmietankę. Zagotuj i dopraw do smaku.
- Podawaj ze świeżą kolendrą lub pietruszką.

Zupa dyniowa z kurczakiem

Jeżeli nie przepadasz za dynią, koniecznie musisz wypróbować ten przepis. Dynia, dzięki przyprawom, staje się ostra i nie jest mdła. Mleko kokosowe sprawia, że myślami przeniesiesz się do ciepłych i dalekich krajów. Dzięki kawałkom mięsa ta zupa jest na tyle sycąca, że może ci zastąpić dwudaniowy obiad.

Składniki (dla 2–3 osób)

250 g piersi kurczaka
1 mała papryczka chili
5 cm świeżego imbiru
500 g dyni najlepiej hokkaido
1 puszka mleka kokosowego o pojemności 400 ml
200 ml bulionu (patrz przepis str. 160) lub wody
świeża kolendra
2 cebule
2 ząbki czosnku
ostra papryka
słodka papryka
sól, pieprz

Przygotowanie

- Kurczaka pokrój w kostkę o boku 2 cm.
- Imbir obierz i drobno pokrój. Tak samo przygotuj chili.
- Kurczaka włóż do miski, dodaj imbir, chili, po 1/2 łyżeczki słodkiej i ostrej papryki, odrobinę soli i pieprzu. Całość wymieszaj i odstaw.
- Dynię obierz (choć w przypadku hokkaido to niekonieczne) i pokrój w kostkę, uprzednio pozbywszy się pestek.
- Czosnek i cebulę obierz i drobno pokrój. Przysmaż je na oliwie z oliwek i po chwili dodaj dynię. Smaż przez 2 minuty
- Do dyni wlej bulion lub wodę, a gdy się zagotuje, dodaj mleko koksowe. Miksuj całość blenderem aż do uzyskania gładkiej konsystencji.
- Na patelni rozgrzej odrobinę oliwy i smaż na niej kurczaka ok. 4 minut.
- Podsmażonego kurczaka dodaj do zupy. Gotuj ją na małym ogniu przez 5 minut i dopraw do smaku.
- Gotowy krem z dyni podawaj ze świeżą kolendrą.

Naleśniki z mozzarellą, oliwkami i suszonymi pomidorami

Sałatka caprese na dobre zadomowiła się w naszym kraju. Na tyle dobrze, że niektórym zdążyła się już znudzić. I tym wszystkim dedykuję ten przepis. Ciasto naleśnikowe z pomidorami, a w środku oliwki i roztopiony ser. Mniam, mniam...

Składniki (na 3–4 porcje)

250 ml mleka
150 g mąki
70 ml wody
2 jajka
6 suszonych pomidorów w zalewie
50 g czarnych oliwek
300 g mozzarelli
świeża bazylia
sól, pieprz

Przygotowanie

- W misce wymieszaj jajka z mąką i odrobiną mleka, powoli dodawaj resztę mleka i wodę. Następnie wymieszaj mikserem, aby otrzymać gładką masę bez grudek, o konsystencji gęstej śmietany.
- Suszone pomidory pokrój w kosteczkę i dodaj je do ciasta.
- Dodaj także łyżkę oliwy z zalewy od pomidorów oraz dużą szczyptę soli. Wymieszaj.
- Patelnię mocno rozgrzej i smaż naleśniki ok. 1 minuty z każdej strony. Nie muszą być bardzo rumiane, bo zaraz będziemy je smażyć raz jeszcze.
- Mozzarellę pokrój w plasterki, a później w paseczki. Oliwki posiekaj.
- Na naleśnikach układaj kawałki sera, posyp je oliwkami i składaj naleśniki w trójkąty.
- Odgrzewaj je na patelni bez dodawania tłuszczu ok. 2 minut, aż ser zacznie się topić.
- Podawaj ze świeżą bazylią.

Zapiekane naleśniki z pieczarkami i szpinakiem

To najlepsza propozycja dla wszystkich niezdecydowanych, czy zjeść na obiad naleśniki czy może zapiekankę. Farsz szpinakowo-pieczarkowy to świetne rozstrzygnięcie tego dylematu. Jeśli nie lubisz pieczarek, zastąp je kurkami albo serem lubiącym wysokie temperatury: mozzarellą, fetą, żółtym.

Składniki (dla 3–4 osób)

CIASTO NALEŚNIKOWE

200 ml mleka
100 ml wody
2 jaja
30 g roztopionego masła
160 g mąki
sól

NADZIENIE

500 g szpinaku
250 g pieczarek
60 g startego sera żółtego
50 g uprażonych orzechów włoskich
2 łyżki masła

SOS

350 ml śmietanki 30%
100 g startego sera żółtego
pieprz, sól

Przygotowanie

- Aby przygotować ciasto naleśnikowe, wszystkie składniki wymieszaj dokładnie rózgą lub mikserem.
- Naleśniki smaż na rozgrzanej teflonowej patelni ok. 1 minuty z każdej strony.
- Rozgrzej piekarnik do temperatury 230 st. C (w funkcji grilla).
- Aby przygotować farsz, szpinak dokładnie umyj, oderwij grubsze łodygi. Następnie przysmaż go w rondlu na maśle. Po mniej więcej 3 minutach, gdy szpinak zmięknie i się skurczy, przełóż go na sitko i odciśnij wodę.
- Pieczarki umyj i pokrój w plasterki (jeśli są duże i twarde, lepiej je obrać).
- W rondlu po szpinaku rozgrzej kolejną łyżkę masła i usmaż na niej grzyby. Pod koniec smażenia (po mniej więcej 3–4 minutach) dodaj orzechy, sól i pieprz. Całość smaż jeszcze przez 1 minutę.
- Odciśnięty szpinak i i pieczarki wymieszaj ze sobą.
- Na naleśniki nakładaj po odrobinie farszu i zwijaj je w rulon. Zwinięte przekładaj do żaroodpornego naczynia.
- Aby przygotować sos, wymieszaj śmietankę z serem i dopraw do smaku.
- Zalej naleśniki sosem i włóż do piekarnika na jedną z wyższych półek. Zapiekaj przez 5–7 minut, aż ser się roztopi i lekko przyrumieni.

Naleśniki gryczane z jajkiem sadzonym

Dodatek mąki gryczanej sprawia, że są bardziej wytrawne od zwykłych naleśników. Do ich smaku trzeba się przekonać, ale za to jeśli raz ci zamaskują, będzie to miłość do końca życia.

Składniki (dla 4 osób)

CIASTO

100 g mąki gryczanej
100 g mąki pszennej
150 ml mleka
250 ml wody gazowanej
1 jajko
1 łyżka roztopionego masła
sól, pieprz
tłuszcz do smażenia

DODATKI

szczypiorek
4 jajka
100 g sera gruyère (lub innego o intensywnym smaku i zapachu)
100 g szynki gotowanej
4 jajka

Przygotowanie

- Dwa rodzaje mąki wymieszaj mikserem z wodą gazowaną, mlekiem, jajkiem, odrobiną soli i pieprzu oraz roztopionym masłem.
- Rozgrzej odrobinę tłuszczu na patelni i smaż naleśniki ok. 1 minuty z każdej strony.
- Ser zetrzyj na tarce, szynkę pokrój w kostkę.
- Na patelni po naleśnikach usmaż jajka sadzone na odrobinie masła.
- Następnie na naleśniki połóż ser, szynkę i jajko. Złóż krawędzie ciasta, by uzyskać kwadratowy kształt. Podawaj ze szczypiorkiem.

Kasza gryczana na zimno z rzodkiewką i ogórkiem

„Potrzeba matką wynalazków" – mówi przysłowie. I chyba tak było z tym przepisem. Ugotowałam cały garnek pysznej kaszy gryczanej, gdy zadzwonił telefon. Rozmowa przeciągała się w nieskończoność, a kasza stygła. Oczywiście mogłam ją odsmażyć na patelni z masłem, ale zajrzałam do lodówki, a tam bogactwo warzyw: rzodkiewki, ogórki, seler, cebula. Postanowiłam połączyć te składniki i wyszło – wbrew sceptycznie nastawionym domownikom – fantastyczne danie. Sprzątając kuchnię, usłyszałam później: „Jednak fajnie, że czasami telefony przerywają jej gotowanie".

Składniki (dla 3–4 osób)

200 g kaszy gryczanej
3 cebulki dymki
natka pietruszki
3 łodygi selera naciowego
2 łyżki pestek dyni
2 łyżki pestek słonecznika
2 ogórki
pęczek rzodkiewki
sól, pieprz

SOS

2 ząbki czosnku
3 łyżki oliwy
1 łyżka octu balsamicznego

Przygotowanie

- Kaszę ugotuj na sypko.
- Podczas gdy kasza się gotuje, umyj i drobno pokrój cebulę, pietruszkę i selera. Ogórka i rzodkiewkę również umyj i pokrój w półksiężyce. Następnie przełóż warzywa do dużej miski.
- Na mocno rozgrzaną patelnię wsyp pestki dyni i słonecznika. Grilluj składniki ok. 2 minut, aż będą chrupkie. Dodaj je do warzyw.
- W małej miseczce wymieszaj składniki sosu: posiekane ząbki czosnku (daj mniej, jeśli nie lubisz jego smaku), oliwę i ocet balsamiczny.
- Ugotowaną kaszę ostudź, przełóż do miski z warzywami, polej sosem, dopraw do smaku… i gotowe.

Toritilla, czyli hiszpański omlet

Pewnie rodowity Hiszpan stwierdziłby, że to wcale nie jest oryginalna tortilla, bo przecież nie powinno się obgotowywać wcześniej ziemniaków. Może tak jest rzeczywiście, ale ta mała sztuczka powoduje, że twoje ziemniaki na pewno nie wyjdą surowe (co się czasem zdarza nawet Hiszpanom). Ziemniaczaną tortillę (konkretny smak i duża ilości kalorii) uważa się za typowo męską potrawę, ale to chyba jest stereotyp, bo ja to danie uwielbiam.

Składniki (dla 2–3 osób)

4 ziemniaki
4 jajka
1 cebula
1 czerwona papryka
100 g pikantnej kiełbasy chorizo lub podobnej
1 pomidor
70 g tartego dowolnego żółtego sera
1/2 łyżeczki słodkiej papryki
1/2 łyżeczki ostrej papryki
oliwa
sól, pieprz

Przygotowanie

- Zagotuj wodę z dodatkiem soli w niewielkim garnku.
- Ziemniaki obierz, pokrój je w plastry o grubości mniej więcej 1/2 cm i gotuj 5 minut. Następnie odcedź.
- Podczas gdy ziemniaki się gotują, cebulę, paprykę i pomidora pokrój w średniej wielkości kostkę. Kiełbasę pokrój w plasterki.
- Na patelni rozgrzej łyżkę oliwy, dodaj cebulę, a po minucie odcedzone ziemniaki. Smaż ok. 5 minut.
- Do ziemniaków dodaj kiełbasę, paprykę, pomidora. Wszystko wymieszaj i smaż przez 2 minuty.
- W miseczce wymieszaj jaja ze słodką i ostrą papryką, solą, pieprzem i zalej masą wszystkie składniki na patelni. Smaż całość na średnim ogniu ok. 6 minut.
- Po tym czasie przykryj talerzem patelnię i odwróć ją tak, aby omlet znalazł się na talerzu.
- Tortillę zsuń z powrotem na patelnię i smaż kolejne 6 minut.
- Tuż przed podaniem posyp omlet tartym serem.

Spaghetti z łososiem

Łosoś wędzony bardzo dobrze komponuje się z łososiem świeżym, a jeśli do tego dochodzą kapary, musi powstać bardzo smaczne danie. I o to chodzi w tym przepisie. Jeśli chcesz, możesz wprowadzać różne modyfikacje, np. pominąć makaron i ugotować jedynie łososia w sosie kaparowym. Możesz też zastąpić łososia np. dorszem. Tylko ostrożnie z solą, kapary mają jej w sobie sporo.

Składniki (dla 4 osób)

400 g spaghetti
1 mała cebula
1 ząbek czosnku
100 g wędzonego łososia
150 g filetu ze świeżego łososia bez skóry
250 ml śmietanki 30%
50 g kaparów
1 łyżka oliwy
pieprz

Przygotowanie

- Makaron ugotuj *al dente*.
- Cebulę i czosnek obierz i drobno pokrój.
- Łososia wędzonego pokrój w paski, zaś świeżego w kostkę (upewnij się, że nie ma ości).
- Rozgrzej patelnię, dodaj oliwę, a po chwili czosnek i cebulę.
- Po mniej więcej 2 minutach – gdy cebula się zeszli, czyli będzie lekko przezroczysta – dodaj oba rodzaje łososia. Po minucie wlej na patelnię śmietankę, zmniejsz ogień i gotuj ok. 3 minut.
- Kapary odsącz z zalewy i posiekaj. Dodaj do sosu.
- Makaron podawaj z sosem łososiowym doprawionym do smaku.

Makaron razowy z bakłażanem i pomidorami

Kilka lat temu odwiedziłam wraz z ekipą *Dzień dobry TVN* słoneczną Sycylię. Poznałam tam Concetta – uroczego Włocha, z którym miałam przyjemność gotować w jego kuchni z oknami wychodzącymi na winnicę. Wróciłam stamtąd ze wspaniałymi wspomnieniami i wieloma cennymi przepisami. To jeden z nich.

Składniki (dla 3–4 osób)

1 duży bakłażan lub 2 mniejsze
4 pomidory
4 ząbki czosnku
1/2 łyżeczki słodkiej papryki
1/2 łyżeczki ostrej papryki
400 g makaronu razowego
oliwa z oliwek
sól, pieprz
50 g parmezanu

Przygotowanie

- W dużym garnku w osolonej wodzie ugotuj makaron *al dente*.
- Bakłażana i pomidory pokrój w drobną kostkę.
- Czosnek obierz i pokrój w plasterki.
- Na głębokiej patelni rozgrzej oliwę, dodaj pokrojony czosnek i po chwili dołóż bakłażana. Smaż ok. 5 minut.
- Po tym czasie dodaj pokrojone pomidory, słodką i ostrą paprykę. Duś całość ok. 10 minut. Dopraw sos do smaku i wymieszaj go z makaronem (najlepiej na patelni). Podawaj z tartym parmezanem.

Kokardki zapiekane pod beszamelem

Wyjazd w góry, na narty, nad morze: gdziekolwiek spędzam czas wolny z przyjaciółmi, tam jest ten zapiekany makaron, sycący, prosty, pyszny. To fantastyczny przepis, kiedy nie masz ochoty na wyszukane dania i nie przeszkadza ci, że potrawa nie wygląda jak z dobrej restauracji. Bo najważniejszy jest smak i błogość, jaką czujesz po zjedzeniu tej zapiekanki.

Składniki (dla 3–4 osób)

300 g makaronu kokardki

SOS Z MIĘSEM

300 g mięsa mielonego wołowo-wieprzowego
1 cebula
3 ząbki czosnku
400 ml gęstego przecieru pomidorowego lub passaty pomidorowej
tymianek
oregano

SOS BESZAMELOWY

25 g masła (niecałe dwie łyżki)
25 g mąki
400 ml mleka
sól, pieprz
szczypta gałki muszkatołowej
50 g tartego parmezanu

Przygotowanie

- Rozgrzej piekarnik do temperatury 200 st. C.
- Makaron ugotuj w osolonej wodzie, powinien być lekko twardy (skróć gotowanie o jakieś 2 minuty).
- Cebulę i czosnek obierz, drobno posiekaj i przysmaż na głębokiej patelni na odrobinie oliwy. Po chwili dołóż mięso i smaż ok. 7 minut, aż zmieni kolor. Dodaj przecier pomidorowy. Całość dopraw do smaku.
- Teraz zrób sos beszamelowy. W małym garnku rozpuść masło, dodaj mąkę i wymieszaj. Następnie bardzo powoli wlewaj mleko i mieszaj cały czas (rózgą lub mikserem) do uzyskania gładkiej konsystencji. Dopraw do smaku gałką muszkatołową, solą i pieprzem.
- Makaron układaj w dwóch warstwach w naczyniu żaroodpornym. Najpierw na dno naczynia wlej 2–3 łyżki beszamelu i włóż połowę makaronu. Przykryj go połową sosu z mięsem i połową pozostałego sosu beszamelowego. Wsyp resztę makaronu i polej pozostałą ilością sosów. Wierzchnią warstwę posyp serem.
- Zapiekaj w piekarniku przez 10 minut, aż wierzch ładnie się zarumieni.

Risotto pomidorowe

Dobrego kucharza poznaje się między innymi po tym, jak robi risotto. Więc jeśli chcesz się sprawdzić, musisz je przygotować. Pamiętaj jednak, że jego smak w dużej mierze zależy od bulionu.

Składniki (dla 3–4 osób)

200 g ryżu arborio
ok. 1 l bulionu warzywnego (patrz przepis str. 160, możesz go zastąpić wodą)
1 mała cebula
50 ml białego wina (możesz pominąć ten składnik)
sól, pieprz
40 tartego sera grana padano
2 łyżki serka mascarpone

SOS POMIDOROWY

1 puszka pomidorów pelati
1 mała cebula
2 ząbki czosnku
świeża bazylia
świeży tymianek
oliwa z oliwek
sól, pieprz

Przygotowanie

- Posiekaj cebulę i czosnek, połowę przysmaż na głębokiej patelni na odrobinie oliwy i po chwili dodaj do niej pomidory i posiekane zioła (pół garści). Całość zagotuj.
- Drugą połowę posiekanego czosnku i cebuli przysmaż na drugiej patelni na łyżce masła.
- Dorzuć ryż, wymieszaj i smaż przez minutę
- Jeśli używasz wina, to jest właśnie moment, żeby wlać je na patelnię. Składniki wymieszaj i gotuj do czasu, aż wino odparuje.
- Do przysmażonego ryżu dodaj chochlę bulionu. Gdy wywar zostanie wchłonięty, dodaj kolejną chochlę, czynność powtarzaj. Gdy ryż będzie już prawie gotowy (po 15–17 minutach), dodaj sos pomidorowy, wymieszaj i gotuj jeszcze kilka minut. Tuż przed podaniem risotta dodaj do niego sery mascarpone i grana padano.
- Nie czekaj z rozpoczęciem posiłku, bo risotto należy jeść od razu po ugotowaniu. Potrawa ta nie nadaje się do odgrzewania.

Risotto z zielonym groszkiem i pesto

Ten przepis to najlepsza szkoła przygotowania risotta i pesto. Dodatkowo możesz się też nauczyć, jak przygotować dobry bulion warzywny, który jest najlepszy do risotta.

Składniki (dla 3–4 osób)
200 g ryżu arborio
ok. 1 l bulionu warzywnego (patrz przepis str. 160)
lub użyj wody
1 mała cebula
50 ml białego wina (możesz je pominąć)
szklanka zielonego groszku (może być mrożony)
2 łyżki tartego parmezanu
sól, pieprz

PESTO
1,5 pęczka bazylii
5 łyżek tartego parmezanu
garść orzeszków pinii
2 ząbki obranego i posiekanego czosnku
6 łyżek oliwy z oliwek
łyżeczka soku z cytryny

Przygotowanie

- Cebulę posiekaj i przysmaż ją na odrobinie oliwy. Po chwili dodaj ryż, wymieszaj i smaż ok. 1 minuty.
- Jeśli używasz wina, wlej je i poczekaj, aż odparuje. Następnie dodaj chochlę bulionu, gdy zostanie wchłonięty, dodaj kolejną. Czynność powtarzaj aż do zużycia całego bulionu.
- Aby przygotować pesto, wsyp orzeszki pinii na gorącą patelnię i grilluj przez 2 minuty, potem razem z pozostałymi składnikami umieść w wysokim naczyniu i dokładnie zmiksuj blenderem. Dopraw do smaku.
- Gdy ryż będzie już prawie gotowy (po 15–17 minutach), dodaj groszek i gotuj przez kolejne kilka minut. Tuż przed podaniem wymieszaj ryż z pesto.
- Podawaj ze świeżo startym parmezanem.

Pizza z patelni

Zdarzało ci się zamawiać pizzę na telefon? Pewnie tak i pewnie wcale nie była ani dobra, ani tania. W sytuacjach kryzysowych warto wykorzystać ten przepis, szczególnie że dodatki zależą tylko od ciebie i od zasobów twojej lodówki.

Składniki (dla 2–3 osób)

CIASTO

150 g mąki + mąka do podsypania
75 ml ciepłej wody
1/2 łyżeczki soli
2 łyżeczki oliwy z oliwek

SOS

10 pomidorków koktajlowych (lub dwa duże pomidory)
2 ząbki czosnku
1/2 łyżeczki ostrej papryki
1/2 łyżeczki słodkiej papryki
sól, pieprz

DODATKOWE SKŁADNIKI

6 plastrów salami
4 plastry żółtego sera
świeża bazylia

Przygotowanie

- Pomidorki pokrój w ćwiartki.
- Czosnek obierz i drobno posiekaj.
- Na patelni rozgrzej odrobinę oliwy, przysmaż na niej czosnek, dodaj słodką i ostrą paprykę. Składniki wymieszaj, po czym dodaj pomidory. Smaż całość 5–7 minut i dopraw do smaku
- W misce wymieszaj wszystkie składniki ciasta. Następnie przełóż je na stolnicę lub blat kuchenny i rozpłaszcz ręką. Z ciasta spróbuj uformować cienki placek o średnicy patelni. Jeśli ciasto będzie się za bardzo kleić, podsyp je mąką i rozwałkuj wałkiem.
- Patelnię mocno rozgrzej, przełóż na nią ciasto i smaż, nie dodając tłuszczu, przez 5–6 minut. Obróć ciasto i znów smaż 5–6 minut.
- Piekarnik rozgrzej do najwyższej temperatury (w funkcji grilla).
- Na cieście rozsmaruj sos pomidorowy, połóż na nim plasterki salami i plastry sera (możesz go pokroić).
- Wstaw do piekarnika na 4–5 minut na wysoką, ale nie najwyższą półkę w piekarniku, przed podaniem dodaj posiekaną bazylię
- Jedz od razu, bo pizza jest najlepsza, gdy jest gorąca.

Łosoś marynowany

Mój tata to wielki miłośnik ryb i owoców morza. Łososia umie przyrządzać na setki sposobów, ale ten jest jego ulubiony. Zresztą nie tylko on go uwielbia. Przepis banalnie prosty, pikantności dodaje potrawie różowy pieprz (dostępny w sklepach ze zdrową żywnością).

Składniki (dla 2–3 osób)

300 g filetu z surowego łososia bez skóry
oliwa z oliwek
sok z cytryny
ocet balsamiczny
pieprz różowy niemielony (lub kolorowy mielony w młynku)
wiązka koperku
kilka kromek chleba
sól

Przygotowanie

- Koperek drobno posiekaj.
- Upewnij się, że filet nie ma ości. Jeśli wyczujesz je, dotykając ryby palcem, pozbądź się ich za pomocą pęsety lub nożyczek.
- Pokrój rybę w cienkie plastry bardzo ostrym nożem.
- Przygotuj głębokie naczynie i na dno wlej łyżkę oliwy, octu i soku z cytryny. Następnie włóż 2 kawałki łososia lub więcej (w zależności od wielkości naczynia, plastry nie powinny na siebie nachodzić).
- Warstwę łososia, polej łyżką oliwy, octu i soku z cytryny, posyp koperkiem, solą i świeżo mielonym pieprzem. Przykryj całość kolejną warstwą łososia, polej oliwą, octem sokiem z cytryny itd. Czynności powtarzaj, aż zużyjesz całego łososia.
- Naczynie owiń folią do żywności i wstaw do lodówki na minimum 10 minut. Tak przygotowany łosoś może być przechowywany kilka dni w chłodnym miejscu.
- Rybę podawaj na pieczywie lub np. jako zimną przystawkę.

Pstrąg z masłem czosnkowo-ziołowym

Ten pstrąg jednoznacznie kojarzy mi się z latem i letnim grillowaniem. Wprawdzie w przepisie proponuję użycie piekarnika (bo dzięki temu możesz go przygotować o każdej porze roku), jednak najlepiej upiec go na grillu. Zamiast masła czosnkowego możesz użyć w tym przepisie np. masła z chili, bazylią itd. (patrz przepis str. 162).

Składniki (dla 3–4 osób)

2 wypatroszone pstrągi
50 g miękkiego masła
1/2 wiązki natki pietruszki
1/2 wiązki natki koperku
1 ząbek czosnku
sok z 1/2 cytryny
sól, pieprz

Przygotowanie

- Rozgrzej piekarnik do temperatury 190 st. C (z termoobiegem).
- Zioła umyj, drobno posiekaj i przełóż do miseczki.
- Czosnek obierz, drobno posiekaj i dodaj go do koperku i pietruszki.
- Następnie dodaj masło, sok z cytryny, sól, pieprz. Wszystkie składniki dokładnie wymieszaj widelcem lub łyżką.
- W miejsce nacięcia pstrągów włóż przygotowane masło ziołowe.
- Ryby zawiń szczelnie w folię aluminiową i wstaw do piekarnika na 20 minut.

Łosoś z porami w cieście francuskim

Z tym daniem jest tak, że jest superproste, a wygląda na niezwykle trudne. Czyli jest idealne, jeśli chcemy zorganizować elegancką kolację, a nie mamy czasu, czy też ochoty, na spędzenie długich godzin w kuchni. Jeśli nie lubisz pora, możesz go zastąpić szpinakiem, suszonymi pomidorami czy oliwkami.

Składniki (dla 3–4 osób)

600 g filetu z łososia bez skóry
3 średniej wielkości pory
opakowanie ciasta francuskiego (ok. 400 g)
1 jajko
1 1/2 łyżki masła
sól, pieprz

Przygotowanie

- Rozgrzej piekarnik do temperatury 200 st. C.
- Od porów odetnij ciemne zielone części, resztę natnij na krzyż (nie do końca, powinny pozostać w całości) i umyj pod bieżącą zimną wodą. Następnie pokrój je drobno.
- Rozgrzej patelnię, rozpuść na niej 1 łyżkę masła, dodaj pory i smaż ok. 3 minut. Dopraw do smaku.
- Upewnij się, że łosoś nie ma ości. Jeśli wyczujesz je, dotykając ryby palcem, pozbądź się ich, używając pęsety lub nożyczek.
- Pokrój filet na 4 węższe paski, obsyp je solą i pieprzem.
- Pory zdejmij z patelni. Wytrzyj ją kawałkiem papierowego ręcznika i rozgrzej ponownie z resztą masła. Przysmaż na maśle kawałki łososia – dosłownie po kilka sekund z każdej strony, tak aby ryba tylko lekko zmieniła kolor.
- Ciasto rozwiń i podziel na 3 lub 4 części. Na środku każdej z nich połóż 2 łyżki porów, a na nich kawałek łososia.
- Uformuj z ciasta zgrabne pakunki (tak aby brzeg ciasta znajdował się na dole, inaczej może się rozkleić) i ułóż je w żaroodpornym naczyniu. Używając pędzla, posmaruj wierzch ciasta rozbełtanym jajem i natnij je nożem w kilku miejscach.
- Piecz ok. 18 minut, aż ciasto urośnie i lekko się zarumieni.

Kawałki polędwiczki wieprzowej marynowane w miodzie

Marynata z miodem, musztardą i sosem sojowym – jeśli wcześniej nie znane ci było takie połączenie, musisz je wypróbować, a jeśli już je znasz, wiesz, jakie to dobre i nie muszę cię namawiać. Jeśli nie masz w domu wieprzowiny, możesz ją zastąpić np. piersią kurczaka.

Składniki (dla 4 osób)

400 g polędwiczek wieprzowych

MARYNATA

2 łyżki musztardy
2 łyżki miodu
2 łyżki sosu sojowego
świeży tymianek i rozmaryn

DODATKI

twoja ulubiona sałata (lodowa, masłowa czy rukola) lub ich mieszanka
garść orzechów włoskich
2 jabłka
oliwa z oliwek

Przygotowanie

- Zioła drobno posiekaj i w małym naczyniu wymieszaj wszystkie składniki marynaty. Wieprzowinę pokrój w centymetrowej grubości plastry (mogą być trochę grubsze), włóż do miski i zalej marynatą. Zamarynowane mięso odstaw na minimum 15 minut.
- Tymczasem upraż orzechy: rozgrzej patelnię bez tłuszczu, dodaj orzechy i pozostaw na patelni na 1–2 minuty. Gdy lekko zbrązowieją, zdejmij je z patelni i grubo posiekaj.
- Jabłka umyj i pokrój w drobną kostkę. Następnie włóż je do miski, dodaj orzechy, sałatę i polej odrobiną oliwy z oliwek.
- Na rozgrzaną patelnię wlej odrobinę oliwy. Plasterki mięsa wyjmij z marynaty i smaż je ok. 2 minut z każdej strony.
- Wieprzowinę przełóż na talerze, podawaj z orzechowo-jabłkową sałatką.

Piersi kurczaka marynowane w occie balsamicznym z ziołami

Ten przepis podał mi znajomy szef kuchni. Paweł jest wybitnym kucharzem, który na co dzień udowadnia, że doskonała kuchnia nie wymaga wcale skomplikowanych składników ani wymyślnych receptur. Sekret tego dania tkwi w świeżych, aromatycznych ziołach.

Składniki (dla 4 osób)

5 pomidorów
cebulka dymka
2 piersi kurczaka
2 łyżki tartego parmezanu
200 g rukoli
oliwa z oliwek
sól morska

MARYNATA

2 ząbki czosnku
5 łyżek octu balsamicznego
tymianek
rozmaryn
szałwia

Przygotowanie

- Zioła posiekaj (potrzebna jest 2 łyżki rozdrobnionych ziół) i przełóż je do miski. Dodaj do nich obrany i drobno pokrojony czosnek oraz 5 łyżek octu balsamicznego. Dobrze wymieszaj.
- Piersi kurczaka umyj, oczyść z błon i pokrój w plasterki, przełóż do miski z marynatą, wymieszaj i odstaw na 10 minut.
- Rozgrzej patelnię z odrobiną tłuszczu. Kawałki kurczaka wyjmij z marynaty i smaż ok. 2 minut z każdej strony.
- Pomidory pokrój w plastry.
- Mięso układaj na talerzu, naprzemiennie z pomidorami. Na środku talerza umieść garść rukoli. Całość polej oliwą z oliwek, posyp solą morską i posiekaną cebulką dymką.

Chili con carne

Przychodzi taki dzień, kiedy ma się ochotę na pożywną, aromatyczną i sycącą potrawę. Wtedy idealne jest chili con carne. Ja to danie po prostu ubóstwiam. Idealnie pasują do niego: tortilla, ryż ugotowany na sypko, ale też ziemniaki, naleśniki czy makaron.

Składniki (dla 3–4 osób)

300 g mielonej wołowiny
2 cebule
oliwa z oliwek
3 ząbki czosnku
1 puszka pomidorów bez skórki
puszka czerwonej fasoli
czerwona papryka
100 ml wody
chili
słodka papryka
oregano
kmin rzymski mielony (kumin)

Przygotowanie

- Cebulę i czosnek obierz i drobno pokrój.
- W szerokim garnku lub rondlu rozgrzej 2 łyżki oliwy z oliwek, dodaj czosnek i cebulę, a po 2 minutach dodaj 1/2 łyżeczki chili, słodkiej papryki, oregano i kminu rzymskiego. Całość smaż przez minutę, ciągle mieszając.
- Do cebuli z przyprawami dołóż mięso i smaż kilka minut. Gdy zmieni kolor na jaśniejszy, dodaj pomidory i wodę. Gotuj na średnim ogniu ok. 10 minut.
- Paprykę, po wycięciu gniazd nasiennych, pokrój w kostkę. Następnie dodaj ją do mięsa. Całość gotuj dalej ok. 5 minut.
- Do garnka dodaj czerwoną fasolę. Gotuj nadal ok. 5 minut. Po tym czasie dopraw do smaku i sprawdź, czy mięso jest odpowiednio miękkie (jeśli nie, pogotuj jeszcze przez kilka minut).

Mięsne pulpeciki w sosie pomidorowym

Każde danie przywołuje wspomnienia. To przypomina mi czasy, kiedy wiele lat temu oglądałam film *Zakochany kundel*. Szczególnie przypadła mi do gustu scena, w której dwa psy jedzą z jednego talerza makaron z mięsnymi pulpecikami. Ponieważ przypadkowo sięgają po tę samą nitkę makaronu, dochodzi do pierwszego psiego pocałunku. Do tej pory to jeden z moich ulubionych filmów i jedno z ulubionych dań.

Składniki (dla 3–4 osób)

200 g mielonej wieprzowiny
200 g mielonej wołowiny
1 jajko
2 czerwone cebule
4 łyżki bułki tartej
50 g tartego parmezanu
2 ząbki czosnku
oliwa z oliwek
1 l passaty pomidorowej lub gęstego przecieru pomidorowego
oregano
pieprz, sól

Przygotowanie

- Passatę pomidorową przelej do garnka, podgrzewaj na małym ogniu, dopraw do smaku.
- Cebulę i czosnek obierz, drobno pokrój i włóż do miski. Następnie dodaj mięso, bułkę tartą, jajko, odrobinę soli i pieprzu. Wszystkie składniki wymieszaj (najlepiej użyć do tego rąk).
- Z masy formuj kulki wielkości orzecha włoskiego.
- Smaż je z odrobiną oliwy na głębokiej patelni lub w dużym garnku z grubym dnem. Następnie, po paru minutach, zalej gorącą passatą lub przecierem pomidorowym. Duś całość ok. 15 minut.
- Podawaj posypane parmezanem, z dodatkiem makaronu, kuskusu lub ryżu.

Kawałki kurczaka panierowane w płatkach kukurydzianych

Jest to przepis mojej drogiej przyjaciółki Pauliny – nawet nie pamiętam, jak długo się znamy. I nie pamiętam, kiedy pierwszy raz usmażyła dla mnie te kawałki kurczaka. Pamiętam jedynie, że bardzo mi smakowały. Przejęłam więc przepis i przygotowuję danie, szczególnie jeśli wiem, że gotuję dla dzieci. Małe łobuziaki za nimi przepadają.

Składniki (dla 2–3 osób)

podwójna pierś kurczaka
50 g płatków kukurydzianych
50 g bułki tartej
100 g mąki
100 ml mleka
1 jajo
1 łyżeczka curry
1/2 łyżeczki słodkiej papryki
1/2 łyżeczki ostrej papryki
olej do smażenia
sól, pieprz

Przygotowanie

- Piersi kurczaka umyj i oczyść nożem z białych błon. Następnie pokrój je w paski, a potem w kostkę, i przełóż do miski.
- Mięso posyp curry, papryką słodką i ostrą, dodaj też soli i odrobinę pieprzu.
- W misce wymieszaj jajko z mlekiem, mąką i odrobiną soli. Powinno powstać gęste ciasto naleśnikowe.
- Płatki rozgnieć w dłoniach, przełóż do miski, dodaj do nich bułkę tartą i wymieszaj.
- Kawałki kurczaka maczaj w cieście, a następnie w panierce z płatkami kukurydzianymi.
- Na głębokiej patelni lub w rondlu rozgrzej olej (dość sporo, bo to smażenie w tzw. głębokim tłuszczu).
- Włóż do oleju kawałek mięsa, gdy skwierczy, oznacza to, że tłuszcz jest dostatecznie rozgrzany. Dodaj resztę mięsa (choć lepiej smażyć je w dwóch turach). Smaż ok. 5 minut, tak aby kawałki kurczaka nabrały złotego koloru, a w środku nie były surowe (najlepiej przekroić jeden kawałek i sprawdzić).
- Po usmażeniu odsączaj mięso z nadmiaru tłuszczu na papierowym ręczniku.
- Tak przygotowana pierś kurczaka smakuje najlepiej z domowym keczupem (patrz str. 161).

Hamburger z krążkami cebulowymi

Nie znam nikogo, kto nie lubi hamburgerów. Niestety hamburgery kojarzą się głównie z fastfoodowymi barami i tysiącami kalorii. To może się zmienić. Zrób własnego hamburgera, dodaj do niego domowe frytki, keczup i majonez, a już nigdy nie sięgniesz po gotowe kanapki.

Składniki (na 2 sztuki)

350 g mielonego mięsa wołowego
2 bułki pszenne
1 pomidor
1 cebula
2 plastry żółtego sera
garść sałaty
1 łyżeczka musztardy
50 ml mleka
2 łyżki mąki
olej
sól, pieprz

Przygotowanie

- Nastaw piekarnik na 200 stopni i funkcję grilla.
- Mięso przełóż do miski. Dodaj musztardę, sól, pieprz i wymieszaj. Następnie uformuj 2 hamburgery.
- Cebulę pokrój w talarki, maczaj ją w mleku i potem w mące.
- Smaż ją ok. 1 minuty na rozgrzanym oleju. Krążki przełóż na papierowy ręcznik, aby odsączyć nadmiar tłuszczu.
- Na patelnię nalej nową porcję oleju. Smaż na nim hamburgery ok. 4 minut z każdej strony.
- Bułki przekrój, na spodach połóż plasterki sera i wstaw na 2 minuty do piekarnika.
- Pomidor pokrój w plasterki, liście sałaty podrzyj na mniejsze kawałki.
- Na podpieczone spody bułki połóż sałatę, a na niej krążki cebulowe. Warstwę przykryj hamburgerem, następnie połóż plastry pomidora i wierzchnią część bułki.
- Najlepiej smakuje z dodatkiem keczupu lub/i majonezu (przepis str. 161, 160).

Wieprzowina z papryką w sosie sojowym

Danie ekspresowe i bardzo kolorowe. Brąz, czerwień, żółć i zieleń – jeśli lubisz jesień, możesz ją mieć na swoim talerzu o każdej porze roku.

Składniki (dla 4 osób)

600 g polędwiczki wieprzowej
200 g ryżu
2 żółte papryki
2 czerwone papryki
60 ml jasnego sosu sojowego
świeża kolendra lub cebulka dymka
1 łyżka oleju
1 łyżeczka słodkiej papryki
1 łyżeczka ostrej papryki

Przygotowanie

- Ugotuj ryż.
- Mięso pokrój w plasterki w poprzek włókien, a następnie w paseczki, przełóż do miski, zalej dwoma łyżkami sosu sojowego, dodaj słodką i ostrą paprykę, całość wymieszaj.
- Papryki przekrój na połówki i pozbądź się gniazd nasiennych. Następnie pokrój w paski, a potem w kostkę.
- Do mocno rozgrzanego na patelni oleju dodaj mięso wraz zalewą. Smaż ok. 3 minut, aż wieprzowina zmieni kolor.
- Dodaj na patelnię paprykę, resztę sosu sojowego. Zmniejsz nieco ogień i smaż całość ok. 7 minut, aż papryka stanie się miękka.
- Paprykową wieprzowinę podawaj z ryżem, świeżą kolendrą lub, jeśli wolisz, cebulką dymką.

Piersi kurczaka w sosie grzybowym

Przepis zawiera w składnikach pieczarki, bo są dostępne przez cały rok i niemal w każdym sklepie. Ale w sezonie grzybowym pozwól sobie na odrobinę szaleństwa: dodaj świeże kurki, prawdziwki, podgrzybki itd.

Składniki (dla 4 osób)

podwójna pierś kurczaka
300 g pieczarek
5 plastrów suszonych prawdziwków
150 ml śmietanki 30%
200 g makaronu orzo (lub innego drobnego)
1 łyżka masła
1 łyżka oleju
natka pietruszki
sól, pieprz

Przygotowanie

- Ugotuj makaron.
- Suszone grzyby włóż do szklanki i zalej gorącą wodą.
- Pieczarki umyj, pokrój w plasterki.
- Masło rozpuść na rozgrzanej patelni i dodaj pieczarki. Smaż je ok. 5 minut, aż zaczną puszczać sok.
- Namoczone suszone grzyby drobno pokrój i dodaj do pieczarek.
- Filet umyj, oczyść z błon i pokrój w krótkie paski. Posól i popieprz.
- Na drugiej patelni rozgrzej olej, włóż mięso i smaż ok. 5 minut, aż lekko się zarumieni.
- Do pieczarek dodaj śmietanę, gotuj na średnim ogniu ok 5 minut i dopraw do smaku.
- Kurczaka dodaj do grzybów i gotuj jeszcze kilka minut.
- Podawaj z makaronem orzo i posiekaną natką pietruszki.

NA SŁODKO

„Moje ciasta nigdy nie wychodzą, to same zakalce, wszystko mi się ciągle przypala".
Ile razy słyszałam to z ust koleżanek i kolegów. Ale od dzisiaj koniec! W żadnym z proponowanych przeze mnie deserów nie da się zrobić zakalca (nawet gdyby ktoś bardzo chciał). Jeśli panicznie boisz się pieczenia, znajdziesz tu też przepisy niewymagające piekarnika, ba, niewymagające nawet tortownicy (gdyby przypadkiem zaginęła w kuchni).
Brzmi zachęcająco?
A więc zacznij słodką przygodę z trzydziestoma pięcioma przepisami na: kruche ciasteczka, owocowe zapiekanki, sorbety, musy czekoladowe, babeczki, kremy, przetwory. Mnóstwo tu pysznej czekolady, miodu i cukru. Słodkości te są idealnie na chandrę w deszczowy dzień, ale też kiedy świeci słońce i po prostu masz ochotę na kawałek ciasta, swojego ciasta…
Są tu pomysły na eleganckie desery, ciastka, które możesz piec z dziećmi, ale także skrywany dotąd przez moją rodzinę przepis na torcik orzechowy babci Romy – nie można się mu oprzeć. Zresztą tak samo jak tostom francuskim podanym w niedzielny poranek wprost do łóżka albo jeszcze ciepłemu brownie.
Więc już dziś przygotuj pyszny deser (może twój pierwszy w życiu?), zaskocz rodzinę i znajomych! To naprawdę może się udać, wystarczy dwadzieścia pięć minut!

Tosty francuskie

Tosty francuskie, zwane również *pain perdu*, to doskonały pomysł na wykorzystanie suchej chałki. To właśnie czerstwe kromki najlepiej nadają się do tego przepisu. Lepiej chłoną płyn i utrzymują kształt podczas smażenia, a smakują… no cóż, doskonale! Jeśli jednak nie masz suchej chałki, możesz użyć świeżej lub każdego innego rodzaju pieczywa. Jeśli zamiast cukru dodasz odrobinę soli, możesz w ten sam sposób przygotować wytrawną wersję tej potrawy.

Składniki (dla 2–4 osób)

2 jajka
50 g drobnego cukru
2 łyżeczki cukru waniliowego (przepis patrz str. 165)
400 ml mleka
4 grube kromki suchej chałki
2 łyżki masła
ewentualnie brązowy cukier, dżem, dowolne owoce

Przygotowanie

- Jajka rozbełtaj widelcem w głębokim talerzu, dodaj cukier, cukier waniliowy, wymieszaj.
- Do jajek wlej mleko cienkim strumieniem, mieszając całość rózgą.
- Kromki chałki maczaj w mleku z jajkami z dwóch stron, aby wchłonęły jak najwięcej płynu.
- Na patelni rozpuść masło, kromki smaż na małym ogniu ok. 3 minut z każdej strony.
- Gotowe tosty podawaj z brązowym cukrem, dżemem lub świeżymi owocami.

Pancakes z syropem klonowym

Bardziej puszyste od zwykłych naleśników, ładniejsze i zgrabniejsze, idealne na kilka kęsów. Tradycyjnie podaje się je właśnie z syropem klonowym, ale jeśli go nie lubisz lub akurat nie ma go w sklepie, spokojnie możesz zastąpić go miodem lub cukrem pudrem!

Składniki (na 8–10 sztuk)

250 g mąki
250 g maślanki
50 g cukru pudru
2 jaja
1 łyżeczka sody oczyszczonej
50 g roztopionego masła
syrop klonowy (zamiennie możesz użyć miodu)
świeże owoce: maliny, borówki, truskawki

Przygotowanie

- Do miski wsyp mąkę, sodę oczyszczoną, cukier, dodaj jaja, masło i maślankę. Wszystkie składniki wymieszaj mikserem.
- Łyżką lub małą chochelką nakładaj porcję ciasta na nieprzywierająca patelnię, smaż 1–2 minuty z każdej strony.
- Gotowe placuszki podawaj z syropem klonowym lub miodem i świeżymi owocami.
  (Poza sezonem doskonałym dodatkiem mogą być domowe konfitury, dżemy, powidła itd.).

Placuszki z bananami

Placuszki z bananami często przygotowuję na śniadanie. To klasyczne danie, a poniższy przepis to moja wariacja na jego temat. Placuszki są puszyste, bardzo bananowe, a dodatek sosu czekoladowego sprawi, że zapragniesz jeść to śniadaniowe danie na obiad i kolację.

Składniki (dla 4 osób)
300 g mąki
150 g mleka
2 jaja
1 łyżeczka proszku do pieczenia
1 łyżeczka cukru waniliowego
50 g brązowego cukru
3 banany
2 łyżki wiórków kokosowych
olej do smażenia

SOS
1 tabliczka gorzkiej czekolady (100 g)
50 ml śmietanki kremówki 30%

Przygotowanie
- W misce umieść mąkę, mleko, jaja, cukier, cukier waniliowy, proszek do pieczenia. Wszystkie składniki wymieszaj mikserem na gładką masę.
- Banany obierz i rozgnieć widelcem, dodaj do masy.
- Czekoladę pokrój na małe kawałeczki.
- W małym garnku zagotuj śmietankę, dodaj do niej czekoladę, podgrzewaj przez chwile, a następnie odstaw i poczekaj, aż składniki się połączą.
- Z przygotowanej masy smaż placuszki na odrobinie oleju.
- Podawaj z sosem czekoladowym i wiórkami kokosowymi.

Jabłka w cieście

Wspomnienie dzieciństwa. Jesienne popołudnia spędzane na podwieczorku w ogrodzie u babci Zosi. Ilekroć tęsknię za tamtymi chwilami, przygotowuję jabłka właśnie według tego przepisu.

Składniki (dla 4 osób)

4 jabłka
2 jajka
150 ml mleka
150 g mąki
2 łyżeczki cukru waniliowego
2 łyżki soku z cytryny
3 łyżki cukru
olej do smażenia
cukier puder do posypania

Przygotowanie

- Specjalną łyżeczką lub małym nożykiem wydrąż ogryzek z jabłka, tak by powstała dziura na wylot.
- Jabłka obierz i pokrój w plastry (z jednego jabłka powinno wyjść ok. 6 plastrów).
- Jajka wymieszaj z mąką, dodaj sok z cytryny, cukier waniliowy, cukier. Cały czas mieszając, powoli dodawaj też mleko. Ciasto powinno być dużo gęstsze od naleśnikowego i o jednolitej konsystencji.
- Na patelni rozgrzej półcentymetrową warstwę oleju.
- Jabłka pojedynczo zamaczaj w cieście i kładź na patelnię. Smaż ok. 2 minut z każdej strony.
- Placuszki odkładaj na papierowe ręczniki, aby odsączyć nadmiar tłuszczu.
- Podawaj posypane cukrem pudrem.

Owocowa owsianka śniadaniowa

Szczerze muszę się przyznać do tego, że zwykła owsianka gotowana na mleku nigdy nie należała do moich ulubionych śniadań. Dopóki nie dodałam do niej świeżych owoców, odrobiny miodu i wanilii. Jak nigdy zjadłam podwójną porcję i na własnej skórze przekonałam się, że dobre śniadanie to podstawa, ale pyszne śniadanie to gwarancja dobrego dnia.

Składniki (dla 2–3 osób)

400 ml mleka
1 szklanka płatków owsianych
2 łyżeczki cukru waniliowego (przepis patrz str. 165)
2 łyżki miodu
2 łyżki cukru
200 g malin
100 g borówek amerykańskich

Przygotowanie

- W garnku zagotuj mleko z dodatkiem cukru, cukru waniliowego i miodu.
- Dodaj płatki owsiane i gotuj na małym ogniu, aż owsianka zgęstnieje (ok. 15 minut).
- Maliny rozgnieć widelcem na jednolitą papkę.
- Do gęstej owsianki dodaj maliny. Całość wymieszaj i sprawdź, czy jest dostatecznie słodka.
- Owsiankę podawaj w miseczkach posypaną borówkami.

Domowa granola

To miks płatków owsianych i wszelkich dobroci, jakie macie pod ręką: orzechów, bakalii, miodu, cynamonu, wanilii. Potrawa ta na stałe wpisała się w mój repertuar rzeczy, które zawsze muszę mieć w domu. To daje mi poczucie bezpieczeństwa. Wiem, że gdy wstanę rano – będę zaspana i bez specjalnej weny do gotowania – to zawsze mogę wziąć mleko, dodać sporą porcję granoli i pyszne stawiające na nogi śniadanie gotowe.

Składniki (na duży pojemnik)

1 szklanka płatków owsianych
1/2 szklanki orzechów laskowych bez skórki
1/2 szklanki orzechów włoskich
1/2 szklanki rodzynek
2 łyżki płatków migdałowych
6 suszonych moreli
4 łyżki miodu
2 łyżeczki cukru waniliowego
1 łyżeczka cynamonu
1 łyżka brązowego cukru

Przygotowanie

- Orzechy i morele posiekaj, przełóż na blachę wyłożoną papierem do pieczenia.
- Do orzechów dodaj płatki owsiane, rodzynki, płatki migdałowe, miód, cynamon, cukier oraz cukier waniliowy, wymieszaj całość, aby składniki rozłożyły się równomiernie na blasze
- Włóż do piekarnika na mniej więcej 15 minut, ale co 3–4 minuty mieszaj składniki, gdyż w przeciwnym razie te na górze za bardzo się spieką, a te na dole nie będą jeszcze gotowe.
- Gotową granolę ostudź i przełóż do szczelnie zamkniętego pojemnika. Podawaj z mlekiem lub jogurtem i świeżymi owocami.

Pomarańczowe naleśniki Suzette

Ten przepis ma długoletnią tradycję. Ponoć powstał przez przypadek (bo kto odważyłby się przypalać swoje potrawy!) i swą nazwę zawdzięcza przepięknej kobiecie o imieniu Suzette. Niezależnie od tego, czy to legenda czy prawda, ja wiem jedno – to danie smakuje każdemu. Jeśli zdecydujesz się podpalić naleśniki, zapewne przykujesz uwagę wszystkich gości.

Składniki (na 8–10 naleśników)

CIASTO

500 ml mleka
200 g mąki
2 jajka
1 łyżka cukru
szczypta soli
łyżka roztopionego masła
tarta skórka z 1/2 pomarańczy

SOS

szklanka soku z pomarańczy
4 łyżki brązowego cukru
2 łyżki masła
2 pomarańcze
ewentualnie 20 ml likieru pomarańczowego

Przygotowanie

- Aby przygotować ciasto, wymieszaj dokładnie wszystkie składniki, użyj do tego rózgi lub miksera.
- Na rozgrzanej patelni smaż cienkie naleśniki ok. 1 minuty z każdej strony. Po usmażeniu złóż je w trójkąty.
- Na patelnię po naleśnikach wsyp 4 łyżki cukru, poczekaj, aż zacznie się karmelizować, czyli zmieni kolor na jasnobrązowy (więcej o karmelizacji patrz str. 164), wtedy dodaj sok. Uwaga: nastąpi tu reakcja wybuchowa, sos może pryskać, a karmel prawdopodobnie się oddzieli. Nie martw się tym, cały czas podgrzewaj sos na małym ogniu, aż stanie się gładki, wtedy dodaj masło.
- Do takiego syropu włóż naleśniki (nie więcej niż 4 naraz). Smaż na średnim ogniu ok. 2 minut z każdej strony. Ważne, żeby ciasto dobrze nasiąkło.
- Jeśli używasz likieru, wlej go na patelnię i podpal, uważając, aby się nie poparzyć.
- Gotowe naleśniki podawaj z kawałkami świeżych pomarańczy.

Jabłka pod kruszonką

To idealny przepis, jeśli jeszcze nigdy nie robiło się ciasta. Nie może się nie udać, nie może wyjść ci zakalec. Jedyny problem z nim związany jest taki, że deser za szybko znika. Szczególnie jeśli podasz go dodatkowo z kulką lodów waniliowych, łyżką bitej śmietany lub jednym z sosów ze strony 167.

Składniki (dla 4–6 osób)

1 kg jabłek
100 g masła
140 g mąki
90 g cukru pudru
1 łyżeczka cynamonu

Przygotowanie

- Rozgrzej piekarnik do temperatury 200 st. C (bez termoobiegu).
- Aby przygotować kruszonkę, masło pokrój na małe kawałki, wymieszaj z cukrem i mąką i wyrabiaj, aż uzyskasz konsystencje grubego, mokrego piasku. Schowaj do lodówki.
- Jabłka obierz i zetrzyj na tarce o grubych oczkach.
- Ułóż owoce w żaroodpornym naczyniu (lub w naczyniach, jeśli wolisz mniejsze eleganckie porcje), posyp cynamonem.
- Wierzch jabłek równomiernie pokryj kruszonką.
- Wstaw do piekarnika na mniej więcej 15 minut i piecz, dopóki ciasto się lekko nie przyrumieni.

Tarta Tatin, czyli odwrócone ciasto

Nazwa tarty pochodzi od nazwiska jej pomysłodawczyni: Stéphanie Tatin. Prowadziła ona wraz ze swoją siostrą restaurację połączoną z małym hotelem. Kucharka przez przypadek na dno formy zamiast ciasta położyła jabłka. Efekt jej wpadki okazał się zaskakująco dobry. Tak dobry, że zyskał sławę nie tylko w całej Francji, ale i na całym świecie. Teraz może zyskać popularność także w waszych domach. Jeżeli macie więcej czasu, polecam użycie do wykonania tarty domowego kruchego ciasta (patrz przepis str. 165).

Składniki (dla 4–6 osób)

4 jabłka
4 łyżki cukru
1 1/2 łyżki masła
1/2 opakowania gotowego kruchego ciasta (około 200 g)

Przygotowanie

- Rozgrzej piekarnik do temperatury 200 st. C (z termoobiegiem).
- Jabłka pokrój w ćwiartki, obierz i pozbądź się gniazd nasiennych.
- Rozgrzej patelnię, wsyp cukier, a gdy ten zacznie się karmelizować (patrz str. 164), dodaj masło, a po chwili jabłka. Całość mieszaj i podgrzewaj przez 3–4 minuty, do czasu gdy owoce pokryją się karmelem.
- Jabłka przełóż do małej formy na tartę o średnicy 20 cm, przykryj je ciastem, zostaw zapas 2–3 cm ponad obręb foremki, a resztę ciasta odkrój.
- Brzegi ciasta włóż do formy i wgnieć tak, aby dotknęło spodu. Natnij ciasto w kilku miejscach i wstaw do piekarnika na 18–20 minut.
- Po wyciągnięciu z piekarnika na tarcie połóż płaski talerz, a następnie przewróć całość tak, aby tarta znalazła się na nim.
- Najlepiej smakuje jeszcze gorąca.

Clafoutis, czyli owoce w cieście

Ulubiony przepis francuskich mam, bo przygotowuje się go ekspresowo, a dzieciaki go uwielbiają. Dodatkowo jest to deser bardzo uniwersalny, można do niego użyć dowolnych owoców: jagód, malin, brzoskwiń, wiśni, śliwek itd.

Składniki (dla 4 osób)

500 świeżych moreli (lub innych owoców)
100 g cukru pudru
125 g mąki
3 jajka
300 ml mleka
10 g domowego cukru waniliowego (patrz przepis str. 165)

Przygotowanie

- Rozgrzej piekarnik do temperatury 190 st. C.
- Morele przekrój, wyciągnij pestki, posyp połową cukru i odstaw.
- Mąkę wymieszaj w misce z częścią mleka, pozostałym cukrem, cukrem waniliowym i jajkami, używając rózgi lub miksera, stopniowo dolewaj resztę mleka.
- Do żaroodpornego naczynia nasmarowanego masłem wsyp owoce i zalej je ciastem.
- Piecz 20 minut.
- Przed podaniem posyp cukrem pudrem.

Serniczki z malinami

Serniki generalnie nie należą do trudnych ciast, ale są czasochłonne (zazwyczaj sernik spędza co najmniej godzinę w piekarniku). Miniserniczki nie dość, że są proste, to jeszcze przygotowuje się je w 25 minut. Możesz dodać do nich nie tylko maliny, ale także np.: jeżyny, borówki, jagody, morele, brzoskwinie itd.

Składniki (na 12 sztuk)

12 herbatników Digestive (ok. 120 g)
80 g masła
400 g trzykrotnie mielonego białego sera
6 łyżek cukru pudru
1 laska wanilii
2 jajka
2 łyżki mąki pszennej
100 g malin (poza sezonem możesz użyć owoców mrożonych lub do każdego sernika na spód nałożyć łyżeczkę konfitury malinowej)

Przygotowanie

- Rozgrzej piekarnik do temperatury 180 st. C.
- Masło rozpuść w garnku na małym ogniu, uważając, aby się nie przypaliło.
- Herbatniki drobno pokrusz, używając do tego np. widelca. Do pokruszonych herbatników dodaj masło. Całość wymieszaj.
- Masę przełóż do sylikonowych foremek na muffinki i ugnieć łyżką, tak by pozostawić miejsce na kolejne składniki (masa serowa i owoce). Foremki schowaj do lodówki.
- Ser przełóż do miski.
- Wanilię przekrój w poprzek, nożykiem wyjmij z niej ziarenka i dodaj je do sera.
- Do miski wbij też jajka, dodaj mąkę i cukier. Wszystko dokładnie wymieszaj trzepaczką lub mikserem.
- Wyjmij foremki z lodówki, do każdego wgłębienia nałóż łyżkę masy serowej, połóż na niej 3–4 maliny i przykryj kolejną warstwą masy serowej. Serniczki raczej nie urosną, więc wypełnij foremki do końca.
- Wstaw na 20 minut do piekarnika.
- Upieczone serniczki pozostaw w foremkach do wystudzenia, gdyż dopóki są gorące, możesz je uszkodzić podczas wyjmowania.

Małe szarlotki sypane

Szarlotka sypana to jedno z pierwszych ciast, jakie zrobiłam. Nie wymaga ono żadnych umiejętności kulinarnych. Wystarczy tylko wymieszać składniki w misce i posypać nimi jabłka. Z tych samych składników możesz przygotować dużą szarlotkę, musisz jednak wtedy wydłużyć czas pieczenia do ok. 1 godziny. Idealnie pasuje do niej sos waniliowy, przepis znajdziesz z tyłu książki na stronie 167.

Składniki (dla 6 osób)

5 jabłek
1 łyżka soku z cytryny
100 g mąki pszennej
100 g kaszy manny
100 g cukru
100 g masła

Przygotowanie

- Jabłka obierz i zetrzyj na tarce o dużych oczkach, wymieszaj z sokiem z cytryny.
- W miseczce wymieszaj mąkę, kaszę mannę i cukier.
- Masło pokrój na małe kawałeczki.
- Do sylikonowych foremek na muffinki nałóż płaską łyżkę suchych składników.
- Na warstwie z wymieszanych: mąki, kaszy i cukru, połóż kilka małych kawałków masła. Na tak przygotowane ciasto wyłóż 1–2 łyżki jabłek (ugnieć je tak, aby wypełnić 3/4 foremki).
- Na jabłkach rozłóż kolejną, cienką warstwę z pozostałej mieszanki suchych składników i na wierzchu umieść po kilka kawałeczków masła.
- Szarlotki wstaw do piekarnika o temperaturze 200 st. C na 20 minut.
- Po upieczeniu pozostaw szarlotki w foremkach i wyjmiij je, dopiero gdy ostygną.

Zapiekanka waniliowa z owocami

Drożdżowa chałka, budyń waniliowy i karmelizowane owoce – to nie może nie smakować. To typowe *comfort food*. Idealne na rodzinny posiłek, kiedy chcesz jak najwięcej czasu spędzić przy stole, a nie przy kuchennym blacie!

Składniki (dla 4–6 osób)

3 jabłka
3 gruszki
garść suszonych żurawin
garść rodzynek
chałka drożdżowa
100 g płatków migdałowych
2 łyżki masła
2 łyżki brązowego cukru

SKŁADNIKI NA BUDYŃ

500 ml mleka
2 łyżki mąki ziemniaczanej
2 żółtka
2 łyżeczki cukru waniliowego
4 łyżki cukru

Przygotowanie

- Zacznij od budyniu: mleko zagotuj z cukrem i cukrem waniliowym.
- Żółtka wymieszaj z mąką, dodaj do nich trochę podgrzanego mleka, wymieszaj.
- Przelej żółtkową masę do garnka z resztą mleka, gotuj na małym ogniu, aż budyń zgęstnieje.
- Chałkę pokrój na kromki.
- Jabłka i gruszki obierz i pokrój na ósemki, rozgrzej patelnię, dodaj cukier, masło i owoce, smaż przez kilka minut.
- Kromki maczaj w budyniu i przekładaj do żaroodpornej formy.
- Między kromkami układaj kawałki owoców, rodzynki, żurawinę. Całość posyp płatkami migdałowymi i polej sosem, który pozostał na patelni podczas przysmażania owoców. Zapiekaj ok. 15 minut w temperaturze 200 st. C.

Błyskawiczny sorbet owocowy

Uwielbiam lody owocowe, ale jeszcze bardziej od nich lubię sorbety. A że mieszkam dość daleko od dobrej lodziarni, często przygotowuje takie sorbety w domu. Wystarczą 3 składniki i 3 minuty.

Składniki (dla 3–4 osób)

300 g zamrożonych owoców: malin, borówek
150 g serka mascarpone
4 łyżki cukru pudru

Przygotowanie

- Na 10 minut przed przygotowaniem włóż serek mascarpone do zamrażarki.
- Po tym czasie owoce wsyp do misy robota kuchennego, dodaj cukier i serek.
- Miksuj przez mniej więcej 2 minuty. Jeśli składniki nie będą chciały się połączyć, spróbuj wymieszać je łyżką.
- Podawaj natychmiast, bo takiego sorbetu nie można ponownie zamrażać.

Bananowo-karmelowy deser dla łasucha

To moja ekspresowa wersja *banoffee pie*, czyli deseru według słynnego przepisu wymyślonego na początku lat siedemdziesiątych w Anglii. *Banoffee*, czyli banan i toffi, do tego serek mascarpone i kruche herbatniki. Bardzo słodkie, bardzo sycące, nie oszukujmy się: bardzo kaloryczne, ale superdobre.

Składniki (dla 6–8 osób)

150 g kruchych herbatników Digestive
250 g serka mascarpone
4 banany
400 g masy karmelowej

Przygotowanie

- Ciasteczka pokrusz drobno, np. wałkiem lub widelcem.
- Banany obierz, 2 pokrój w plasterki, pozostałe rozgnieć widelcem na papkę, przełóż do miseczki i wymieszaj je z serkiem mascarpone.
- Masę karmelową również wymieszaj, bo czasami jest zbyt gęsta.
- Przygotuj 6–8 szklanek lub szklanych miseczek. umieść na ich dnie połowę pokruszonych ciastek.
- W każdej porcji umieść też dużą łyżkę masy karmelowej i przykryj ją resztą ciasteczek.
- Na wierzch połóż warstwę serka mascarpone wymieszanego z bananami,
- Każdą porcję udekoruj bananami pokrojonymi w plasterki.

Ryż waniliowy z karmelizowanymi jabłkami

To nie jest zwykły kleik ryżowy, to „najlepszy ryż pod słońcem" – tak mówią o nim wszyscy w mojej rodzinie.

Składniki (dla 2–3 osób)

100 g ryżu arborio (takiego jak na risotto)
200 ml mleka 3,2%
200 ml śmietanki 30%
laska wanilii
4 łyżki cukru

KARMELIZOWANE JABŁKA

3 jabłka
2 łyżki cukru
1 łyżka miodu
2 łyżki masła

Przygotowanie

- Ryż wsyp do rondla, dodaj mleko, śmietankę i przekrojoną na pół wanilię.
- Podgrzewaj na średnim ogniu przez 20–25 minut. Po ugotowaniu wyjmij laskę wanilii.
- Jabłka obierz, pokrój w ćwiartki, wytnij gniazda nasienne, a następnie pokrój owoce w kostkę.
- Patelnię rozgrzej, wsyp cukier, poczekaj, aż się rozpuści i nabierze lekko brązowego koloru, wtedy dodaj masło, a po chwili jabłka. Całość wymieszaj.
- Cukier może się oddzielić – nie martw się tym – dodaj miód i gotuj na małym ogniu przez mniej więcej 5 minut.
- Gotowy ryż podawaj z jabłkami (doskonale pasują też karmelizowane gruszki, świeże maliny i truskawki).

Ciasteczka w piegi

Są tak ładne, że aż szkoda ich jeść, i tak smaczne, że nie można im się oprzeć! Kolorowe cukierki możesz zastąpić czekoladą, orzechami lub nie dodawać niczego. Lepienie i dekorowanie ciasteczek to dobre zajecie dla małych pomocników. Mało pracy, dużo radości.

Składniki (na dwie blachy)

150 g miękkiego masła
150 g cukru
300 g mąki
1 jajko
2 łyżeczki cukru waniliowego
1/2 łyżeczki sody oczyszczonej
100 g kolorowych cukierków czekoladowych (typu lentylki)

Przygotowanie

- Wymieszaj mąkę wraz z sodą i cukrem waniliowym.
- Mikserem utrzyj miękkie masło z cukrem, dodaj jajko, a potem stopniowo dodawaj mąkę.
- Ciasto zawiń w przezroczystą folię i włóż na 5 minut do zamrażarki.
- Na blasze połóż arkusz papieru do pieczenia. Z ciasta formuj małe kuleczki, układaj je na blasze, każdą kulkę lekko spłaszcz i wciśnij w nią kilka kolorowych cukierków.
- Piecz ok. 15 minut w temperaturze 180 st. C.
- Ciasteczka zaraz po upieczeniu będą miękkie, ale z czasem stwardnieją, dlatego należy je studzić na kratce z piekarnika (choć ja uwielbiam jej jeść, gdy są jeszcze gorące).

Ciasteczka z czekoladą

To deser dla wiecznie niezdecydowanych – czy wolą czekoladę czy jednak coś chrupkiego i własnoręcznie przygotowanego. Te ciasteczka to takie dwa w jednym. Jeśli naprawdę kochasz czekoladę, możesz spokojnie zwiększyć jej ilość dwukrotnie.

Składniki (na dwie blachy)

120 g miękkiego masła
80 g drobnego cukru
1 jajko
250 g mąki
1 łyżeczka proszku do pieczenia
1 tabliczka (100g) czekolady deserowej lub mlecznej, lub gorzkiej, zależnie od tego, jaką lubisz najbardziej
50 g posiekanych orzechów włoskich

Przygotowanie

- Nastaw piekarnik na temperaturę 180 st. C.
- Czekoladę pokrój na malutkie kawałki.
- Miękkie masło utrzyj z cukrem, używając miksera, dodaj jajko, wymieszaj, stopniowo dodawaj też mąkę, cały czas mieszając.
- Na samym końcu do masy dodaj orzechy i czekoladę, wymieszaj tym razem łyżką.
- Z masy formuj małe kuleczki wielkości orzecha włoskiego, kładź je na blachę wyłożoną papierem do pieczenia, lekko spłaszcz łyżką (zachowaj odstępy, gdyż ciastka trochę się „rozpłyną").
- Piecz 10–12 minut.
- Studź na kratce z piekarnika.

„Ślimaki" z ciasta francuskiego z rodzynkami

Te ciastka nie mogą się nie udać. Zrobicie je raz, a z pewnością zapragniecie robić je jeszcze wielokrotnie. Przepis można modyfikować, pominąć ser lub rodzynki, dodać orzechy lub konfiturę malinową. Podstawą jest ciasto, które warto mieć zawsze w lodówce na wypadek wizyty niespodziewanych gości.

Składniki (na niecałe 2 blachy)

opakowanie ciasta francuskiego (około 400g)
200 g sera białego mielonego
100 g rodzynek
4 łyżki brązowego cukru
1 jajko

Przygotowanie

- Nastaw piekarnik na temperaturę 200 st. C.
- Ser wymieszaj z połową cukru i z rodzynkami.
- Ciasto francuskie rozwiń, pokryj warstwą nadzienia.
- Ciasto z powrotem zwiń w rulon, pokrój je w cienkie plasterki (jeśli masz czas, możesz ciasto włożyć do lodówki, gdy stężeje, będzie ci je łatwiej kroić).
- Plastry układaj na blasze z papierem do pieczenia. Posmaruj rozbełtanym jajem, posyp resztą cukru i zapiekaj 18–20 minut.

Kokosanki

Idealne do kawy. Ciasteczka będą smaczne przez kolejny tydzień, pod warunkiem że będziesz je przechowywać w szczelnie zamkniętym pudełku.

Składniki (na 2 blachy)

250 g wiórków kokosowych
60 g masła
150 g cukru
1 łyżka soku z cytryny
3 białka
1 łyżka mąki ziemniaczanej

Przygotowanie

- Rozgrzej piekarnik do temperatury 180 st. C.
- Masło włóż do małego garnka i ogrzewaj na małym ogniu, dodaj 100 g cukru i czekaj, aż całość się rozpuści.
- Do masła z cukrem dodaj wiórki, wymieszaj. Mieszanina będzie dość sypka, nie przejmuj się tym, ostudź ją.
- Białka ubij na sztywno, pod koniec ubijania dodawaj stopniowo 50 g cukru, mąkę i sok z cytryny.
- 1/3 białek wymieszaj dokładnie z wiórkami, a resztę dodawaj już stopniowo i mieszaj delikatnie.
- Na blachę wyłożoną papierem do pieczenia nakładaj masę małą łyżeczką, pamiętaj o zachowaniu odstępów, bo ciasteczka w piecu nieco urosną.
- Po 15 minutach pieczenia bardzo kruche i delikatne kokosanki będą gotowe. Studź je na kratce z piekarnika.

Ciasteczka owsiane z orzechami i rodzynkami

Bardzo zdrowe, bardzo pożywne, idealne na drugie śniadanie do szkoły czy pracy. Dobrze mieć je zawsze w domu (odpowiednio przechowywane, zachowują świeżość do tygodnia), bo nic tak nie łagodzi głodu w środku nocy jak ciastko i szklanka mleka.

Składniki (na mniej więcej 16 sztuk)

100 g mąki
50 g płatków owsianych
50 g mielonych migdałów
50 g mielonych orzechów laskowych
100 g brązowego cukru
110 g masła
50 g rodzynek
1 jajko
1 łyżeczka cukru waniliowego (przepis patrz str. 165)
1 łyżeczka proszku do pieczenia

Przygotowanie

- Rozgrzej piekarnik do temperatury 190 st. C.
- W małym garnku rozpuść masło, uważaj, żeby go nie przypalić.
- Jajko rozbełtaj widelcem.
- W misce wymieszaj wszystkie składniki suche: płatki owsiane, mąkę, mielone migdały, mielone orzechy laskowe, cukier, cukier waniliowy, proszek do pieczenia.
- Do suchych składników wlej roztopione masło, wymieszaj, dodaj rozbełtane jajko. Całość ponownie wymieszaj. Na sam koniec do masy dodaj rodzynki (jeśli lubisz te bakalie, możesz dodać ich więcej).
- Blachę wyłóż papierem do pieczenia. Nakładaj łyżką porcje ciasta, spłaszcz je lekko. Pamiętaj o zachowaniu odstępów miedzy ciasteczkami, bo podczas pieczenia nieco urosną.
- Wstaw blachę z ciasteczkami na 15 minut do piekarnika.
- Zaraz po upieczeniu ciastka będą miękkie, poczekaj, aż wystygną i stwardnieją. Zjedz od razu, popijając szklanką mleka, lub przechowuj w szczelnie zamkniętym pojemniku (zachowają świeżość do tygodnia).

Pączki ptysiowe

Pyszne pączki, które bez trudu możesz usmażyć w domu. Nie zawierają drożdży, więc nie musisz martwić się, czy ciasto wyrośnie, są małe, więc nie muszą się długo smażyć. Czy to pączki idealne? Na to wygląda.

Składniki (na mniej więcej 30 sztuk)

400 g mąki
300 ml wody
80 g masła
3 jaja
2 łyżki cukru
1 łyżeczka cukru waniliowego
olej do smażenia (ok. 0,5 l, zależy, w jak dużym naczyniu będziesz smażyć pączki)
cukier puder do posypania

Przygotowanie

- W garnku zagotuj wodę z masłem i cukrem. Poczekaj, aż składniki się rozpuszczą, i wtedy wsyp do garnka mąkę oraz cukier waniliowy. Delikatnie podgrzewaj garnek, dokładnie mieszając. Ciasto powinno nieco wyschnąć.
- Po mniej więcej 3 minutach, gdy ciasto zacznie odklejać się od łyżki, zdejmij garnek z ognia, a ciasto przełóż do miski.
- Gdy ciasto nieco wystygnie, wbijaj do niego pojedynczo jaja, wymieszaj na gładką masę. Na początku nie jest to proste, składniki nie chcą się łączyć, ale nie zniechęcaj się, zaraz otrzymasz odpowiednią konsystencję. Z masy lep kuleczki wielkości orzecha włoskiego
- W garnku o szerokim dnie rozgrzej olej, sprawdź jego temperaturę, zanurzając w nim kawałek ciasta: gdy tłuszcz zacznie skwierczeć, to znaczy, że możesz smażyć pączki.
- Pączki wrzucaj pojedynczo do tłuszczu i smaż około 5 minut, zależnie od temperatury oleju.
- Usmażone pączki przekładaj na kawałek papierowego ręcznika, aby pozbyć się nadmiaru tłuszczu.
- Podawaj z cukrem pudrem lub np. z czekoladą na gorąco (patrz str. 138).

Palmiers, czyli karmelizowane ciasto francuskie

Okazuje się, że kuchnia francuska wcale nie musi być trudna i skomplikowana. Palmiers są słodkie, karmelowe i kruche. Przygotowuje się je w kilka minut, a potem pozostaje obserwacja piekarnika. Ileż tam się dzieje: ciasto rośnie i zmienia kształt, cukier zaczyna się roztapiać, a potem karmelizować. Im dłużej się je ogląda, tym bardziej chce się je zjeść, na szczęście nie pieką się długo.

Składniki (dla 6–8 osób)

opakowanie ciasta francuskiego (około 400 g)
60 g drobnego cukru do wypieków

Przygotowanie

- Rozgrzej piekarnik do temperatury 210 st. C (bez termoobiegu).
- Cukier nasyp na stolnicę lub na blat.
- Połóż na nim ciasto i delikatnie zacznij je wałkować. Nie chodzi o to, aby ciasto stało się cieńsze, lecz o to, aby cukier się do niego przykleił.
- Ciasto przewróć i znów zacznij wałkować. Powtórz tę czynność kilkakrotnie.
- Zwijaj z dwóch stron obsypane cukrem ciasto, chodzi o to, aby utworzyły się dwa ruloniki obok siebie.
- Zwinięte ciasto krój na półtoracentymetrowe plastry.
- Plastry lekko rozwałkuj i przełóż na blachę wyłożoną papierem do pieczenia.
- Pamiętaj o zachowaniu odstępów, bo ciastka nieco urosną. Wstaw je na 10 minut do piekarnika na drugą półkę od góry.
- Po tym czasie wyciągnij blachę i delikatnie przewróć ciastka łopatką na drugą stronę. Wstaw obrócone ciastka jeszcze na 5–7 minut i obserwuj, czy aby cukier nie przypala się za bardzo.

Tiramisu

Tirami **znaczy: obudź mnie, poderwij mnie, podnieś mnie na duchu. To nie tylko znaczenie nazwy, ale też działanie tego deseru. Nic tak nie poprawia nastroju jak dobre tiramisu. Co ciekawe, we Włoszech jada się je nie tylko na zakończenie posiłku, ale też na początku dnia, jako śniadanie. Najlepiej smakuje dobrze schłodzone i z filiżanką aromatycznego espresso.**

Składniki (dla 4–6 osób)

500 g serka mascarpone
4 żółtka
100 g drobnego cukru do wypieków
200 g podłużnych biszkoptów
150 ml bardzo mocnej kawy
40 ml likieru kawowego
100 g malin
20 g gorzkiego kakao

Przygotowanie

- Żółtka z cukrem ubij mikserem. Po mniej więcej 2 minutach masa powinna stać się jaśniejsza i bardziej puszysta.
- Do żółtek z cukrem dodaj 1/3 serka mascarpone, wymieszaj mikserem. Następnie dodaj resztę serka i znów wymieszaj.
- Przygotuj szklanki lub miseczki.
- Kawę ostudź, wymieszaj z likierem, przelej do głębokiego talerza.
- Biszkopty maczaj pojedynczo w kawie (bardzo krótko, 1–2 sekundy) i przekładaj je do szklanek lub miseczek (pamiętaj, że to jedna z 4 warstw, więc biszkoptów nie może być zbyt dużo), przykryj je połową masy z serka mascarpone.
- Na serek połóż resztę biszkoptów, przykryj je pozostałą masą.
- Tiramisu posyp gorzkim kakao (najlepiej użyj do tego małego sitka) i udekoruj świeżymi malinami.

Mus czekoladowy

Pamiętam, kiedy pierwszy raz spróbowałam musu czekoladowego. Miałam cztery lata i we francuskim bistro podano mi ogromną porcję tego deseru. „Nie zjesz tego, Aniu" – powiedziała mama. Zjadłam, a zaraz potem chciałam kolejną porcję i kolejną... Wtedy postanowiłam sobie, że jak dorosnę, nauczę się sama przygotowywać ten przepyszny deser. Później okazało się, że nie musiałam być dorosła, bo to przepis dziecinnie prosty.

Składniki (na 6 porcji)

200 g gorzkiej czekolady
6 jajek
60 g masła
60 g cukru pudru (zwiększ tę ilość, jeśli nie lubisz wytrawnego smaku gorzkiej czekolady)

Przygotowanie

- W garnku zagotuj szklankę wody, nad garnkiem ustaw miskę, a do niej włóż kawałki czekolady. Para wodna unosząca się pod miską roztopi to, co jest w środku. Ta metoda roztapiania czekolady to *bain marie*, czyli kąpiel wodna (więcej patrz str. 164).
- Gdy czekolada zacznie się topić, dodaj do niej masło, zdejmij miskę znad garnka, wymieszaj i ostudź.
- Oddziel białka od żółtek. Żółtka dodaj do czekolady i wymieszaj.
- Białka ubij na sztywną pianę, 1/3 piany wymieszaj dokładnie z czekoladą, aby ta stała się lżejsza. Kolejną porcję piany dodawaj i mieszaj już bardzo delikatnie, aby mus był jak najbardziej puszysty.
- Gotowy mus przełóż do miski lub miseczek i schładzaj w lodówce (najlepszy jest po mniej więcej godzinie).

Czekolada na gorąco z wanilią

Gorąca czekolada to mój ulubiony napój. Wiedział o tym pewien chłopak. Chcąc zwrócić na siebie moją uwagę, przygotował dla mnie termos gorącej czekolady i przywiózł mi ją do domu. Jak to się skończyło? Powiem tylko, że piję ją teraz jeszcze częściej i zawsze według jego przepisu...

Składniki (na 4 filiżanki)

200 g gorzkiej czekolady
200 ml mleka 3,2%
300 ml śmietanki 36%
3 łyżki cukru pudru
laska wanilii

Przygotowanie

- 1/3 śmietany ubij, dodaj 1 łyżkę cukru i schowaj do lodówki.
- Czekoladę połam na małe kawałki.
- W rondelku zagrzej mleko z przekrojoną na pół laską wanilii i 2 łyżkami cukru. Po chwili wyciągnij wanilię, dodaj czekoladę, dodaj resztę śmietanki.
- Gotuj na małym ogniu, aż uzyskasz gęsty napój o jednolitej konsystencji.
- Przelej czekoladę do filiżanek i udekoruj bitą śmietaną.

Piszinger mojej mamy

Ten piszinger to wspomnienie dzieciństwa. Mama przygotowywała go rzadko, tylko gdy odwiedzali nas „ważni goście". Dlatego uwielbiałam, jak ktoś do nas przychodził. Nawet wtedy gdy taka wizyta wiązała się z obowiązkiem popisowej recytacji wierszyka czy gry na flecie (której zresztą szczerze nienawidziłam). Ten deser był jednak godny wszelkich poświęceń.

Składniki (dla 6–8 osób)

2 kostki masła (400 g)
300 g cukru
5 żółtek
120 g gorzkiego kakao
10 andrutów
2 łyżki koniaku
50 g wiórków kokosowych

Przygotowanie

- Cukier wsyp do rondelka, dodaj odrobinę wody (tak aby jedynie przykryła cukier), zagotuj.
- Stopniowo dodawaj masło, zaczekaj, aż się rozpuści, zdejmij garnek z ognia i lekko ostudź.
- Do cukru wbijaj pojedynczo żółtka, cały czas mieszając.
- Do jednolitej masy dodaj kakao i odrobinę koniaku – i gotowe.
- Andrut posmaruj masą, przełóż andrutem, posmaruj masą…
- Wierzch posyp wiórkami kokosowymi. Mniam!

Trufle czekoladowe

Trufle są eleganckie i bardzo efektowne. Kiedyś podarowałam je w prezencie ukochanej nauczycielce. Spróbowała ich i powiedziała: „Aniu, długo nie mogłam zrozumieć, czemu w życiu chcesz zajmować się właśnie gotowaniem, teraz już wiem". Zrobiło mi się bardzo miło, ale równocześnie trochę nieswojo. Gdyby Pani wiedziała, jak prosto się je przygotowuje, pewnie nie mówiłaby takich rzeczy.

Składniki (12–15 sztuk)

100 g czekolady mlecznej
100 g czekolady gorzkiej
200 g serka mascarpone
50 g herbatników maślanych
50 g kakao

Przygotowanie

- Czekoladę połam na małe kawałki i rozpuść w kąpieli wodnej (patrz str. 164).
- Herbatniki drobno pokrusz (ale nie za drobno, gdyż nie chcemy uzyskać ciasteczkowej mąki).
- Roztopioną czekoladę przełóż do innej miski (bo ta jest gorąca), mieszaj przez 2 minuty, aby nieco wystygła.
- Do przestudzonej czekolady dodaj serek mascarpone i rozdrobnione herbatniki. Wymieszaj całość i włóż na 10 minut do zamrażarki. Jeśli masz więcej czasu, masę schładzaj ok. 4 godzin w lodówce.
- Kakao wysyp do głębokiego talerza.
- Ze schłodzonej masy przygotuj kuleczki, wielkości orzecha włoskiego. Masa będzie miękka i lepiąca, dlatego czym prędzej obtocz kuleczki w kakao.
- Trufle schładzaj w lodówce aż do uzyskania pożądanej twardości.

Torcik orzechowy babci Romy

Babcia Roma (mama mojej mamy) znała sekrety najlepszych i najprostszych deserów. Zachwycała nimi gości na przyjęciach we Lwowie, a potem w Krakowie. Chętnie dzieliła się swoimi przepisami i myślę, że nie miałaby nic przeciwko temu, by receptura na torcik orzechowy znalazła się w tej książce. Zrób go koniecznie jeszcze dziś. Polecaj go rodzinie i znajomym, ale proszę: jedząc go, pomyśl ciepło o babciach, bo to one gotowały i nadal gotują lepiej od najlepszych kucharzy.

Składniki (dla 8–10 osób)

500 g herbatników maślanych
350 g miękkiego masła
450 g drobnego cukru
200 g zmielonych orzechów włoskich
2 żółtka
3 okrągłe wafle
5 łyżek gorzkiego kakao
4 łyżki mleka

Przygotowanie

- Herbatniki drobno pokrusz w robocie kuchennym (możesz też je umieścić na ściereczce, złożyć ją i rozgnieść wałkiem lub pokruszyć zwykłym widelcem).
- W dużej misce utrzyj mikserem masło z cukrem i żółtkami. Następnie dodaj herbatniki, wymieszaj łyżką lub lepiej rękoma. Jeśli masa jest za sucha i składniki nie chcą się połączyć, dodaj 2 łyżki mleka.
- Kakao rozmieszaj z pozostałymi 2 łyżkami mleka.
- Masę podziel na 3 części: do jednej dodaj kakao z mlekiem i wymieszaj, do drugiej dodaj orzechy i wymieszaj, do trzeciej nic nie dodawaj.
- Na okrągłym płaskim talerzu połóż wafel, pokryj go równomiernie częścią masy bez dodatków.
- Przykryj ją drugim waflem, dociskając, aby masa równomiernie się rozłożyła.
- Teraz czas na kolejną warstwę, tym razem kakaową. Wyrównaj ją łyżką, a potem dociśnij kolejnym waflem.
- Wierzch wyłóż masą z orzechami i wyrównaj. Na koniec udekoruj torcik połówkami orzechów włoskich.
- Torcik przechowuj w lodówce, choć jestem pewna, że nie będzie tam długo leżał.

Czekoladowe brownie

Moi goście nigdy nie wychodzą ode mnie głodni. Z reguły jest wręcz przeciwnie, po głównym daniu, mniej więcej połowa z nich mówi: „Aniu, dziękuję za deser, już nie dam rady". Wówczas bez zbędnego komentarza wyciągam z piekarnika gorące czekoladowe brownie. Wtedy wszystkie głosy sprzeciwu milkną, a zawartość foremki znika w zaskakującym tempie. Nie muszę pytać, czy im smakuje, bo słyszę tylko prośby o dokładkę. A najgłośniej domaga się jej moja młodsza siostra Agatka znana ze swej miłości do czekolady.

Składniki (dla 6–8 osób)

250 g gorzkiej czekolady
280 g masła
250 g drobnego cukru
75 g mąki
3 jaja
1/2 szklanki wody
75 g orzechów włoskich

Przygotowanie

- Orzechy posiekaj.
- Czekoladę połam na małe kawałki.
- Masło pokrój w kostkę.
- Wodę zagotuj w małym rondelku z cukrem, gdy ten się rozpuści, dodaj czekoladę, a następnie masło. Składniki wymieszaj i zdejmij garnek z ognia.
- W misce wymieszaj mąkę i jaja. Następnie powoli dodawaj syrop czekoladowy, wsyp orzechy i całość znów wymieszaj.
- Ciasto przełóż do foremki o dowolnym kształcie, wyłożonej papierem do pieczenia. Ja przeważnie używam tortownicy o średnicy 22 cm.
- Piecz 20 minut w temperaturze 180 st. C. Ciasto powinno być wilgotne w środku. Czekoladowe brownie uzyska prawidłową konsystencję dopiero po wystudzeniu, ale jeśli wolisz ciasta bardziej zwarte, potrzymaj je w piecu 5 minut dłużej.

Fondant z płynną czekoladą

Deser dla prawdziwych czekoladoholików – uwaga: może wzmagać uzależnienie!

Składniki (dla 4–6 osób w zależności od wielkości foremek)

100 g gorzkiej czekolady
100 g masła
75 g cukru
2 łyżki kakao
25 g mąki
2 jajka

Przygotowanie

- Rozgrzej piekarnik do temperatury 180 st. C.
- Czekoladę z masłem rozpuść w garnku nad unoszącą się parą (więcej o metodzie *bain marie* na str. 164).
- Jajka utrzyj z cukrem, dodaj mąkę i kakao, a po chwili roztopioną czekoladę.
- Masę przelej do małych foremek na suflety lub do sylikonowych foremek na muffinki.
- Foremki wstaw do piekarnika na 10–12 minut (w zależności od wielkości).
- Podawaj od razu, pamiętając, że w środku masa nie powinna być do końca ścięta.

Krem czekoladowy z orzechami laskowymi

Tak, ten domowy krem czekoladowy smakuje dużo lepiej niż gotowy odpowiednik znanej marki. Możesz zmieniać jego smak, dobierając inne proporcje gorzkiej i mlecznej czekolady oraz stosując różne rodzaje orzechów. Spróbuj go przygotować, a nie pożałujesz.

Składniki (na słoik średniej wielkości)

100 g czekolady mlecznej
100 g czekolady gorzkiej
150 ml mleka 3,2%
3/4 szklanki mleka w proszku
3/4 szklanki mielonych orzechów laskowych
2 łyżki masła
2 łyżki cukru

Przygotowanie

- Czekoladę połam na małe kawałeczki, umieść w misce nad garnkiem z gotującą się wodą i rozpuść (więcej o metodzie *bain marie* na str. 164).
- Mleko zagotuj z cukrem, dodaj do niego mleko w proszku, wymieszaj trzepaczką, aby uniknąć grudek.
- Mleko dolej do czekolady, wymieszaj. Następnie dodaj masło, mieszaj, aż się rozpuści, wtedy wsyp mielone orzechy. Całość znów dobrze wymieszaj.
- Krem przełóż do słoika lub… zjedz od razu.

Krem z białej czekolady z migdałami

Lubisz białą czekoladę? Bo ja bardzo. A białą czekoladę z migdałami jeszcze bardziej. I tak powstał ten przepis. Mam nadzieję, że i tobie deser zasmakuje.

Składniki (na słoik średniej wielkości)

200 g białej czekolady
150 ml mleka 3,2%
3/4 szklanki mleka w proszku
3/4 szklanki mielonych migdałów

Przygotowanie

- Czekoladę połam na małe kawałeczki, umieść w misce nad garnkiem z gotującą się wodą i rozpuść (więcej o metodzie *bain marie* na str. 164).
- Mleko zagotuj, dodaj do niego mleko w proszku, wymieszaj dokładnie trzepaczką, aby pozbyć się grudek.
- Mleko dodaj do czekolady, wymieszaj dokładnie, następnie dodaj mielone migdały i wymieszaj raz jeszcze.
- Krem przełóż do słoika.

Krem bananowy z krówkami

Nietrudno zauważyć, że lubię banany, wiele jest w tej książce przepisów z ich udziałem. Tutaj w kolejnej odsłonie: gęsty krem bananowy idealny do grzanek albo np. tostów francuskich (patrz str. 88).

Składniki (na słoik średniej wielkości)

3 banany
12 krówek
2 łyżki brązowego cukru
60 g masła
2 łyżki soku z cytryny (pomiń je, jeśli lubisz bardzo słodki smak)

Przygotowanie

- Banany obierz i pokrój w plasterki.
- Krówki posiekaj (nie musi być równo – i tak się roztopią).
- Rozgrzej patelnię, wsyp na nią cukier, gdy ten zacznie się roztapiać i lekko brązowieć, dodaj połowę masła (ok. 2 łyżek). Gdy masło się roztopi, dodaj banany.
- Banany smaż przez 2–3 minuty, aż zmiękną, wtedy zmiażdż je widelcem, aby otrzymać jednolitą papkę.
- Do masy bananowej dodaj krówki. Smaż całość ok. 5 minut, ciągle mieszając, tak by wszystkie krówki się roztopiły.
- Teraz spróbuj powstałego kremu i zadecyduj, czy dodajesz sok z cytryny czy nie.
- Gotową masę przełóż do słoika i ciesz się nią przy śniadaniu, przy podwieczorku czy też podjadając między posiłkami.

Słodko-kwaśny krem cytrynowy

Kuchnia angielska nie cieszy się dobrą sławą, ale akurat *lemon curd* smakuje każdemu. Nie tylko jako dodatek do chleba, ale także jako idealny składnik ciast, mazurków i tart. Wystarczy przygotować ciasto kruche (patrz przepis na str. 165), podpiec je w piekarniku, wyłożyć kremem, znów włożyć do piekarnika i tarta cytrynowa gotowa.

Składniki (na słoik średniej wielkości)

4 jajka
4 cytryny
100 g masła
100 g cukru

Przygotowanie

- Masło pokrój w kostkę.
- Cytryny umyj. Z dwóch z nich zetrzyj skórkę na tarce o małych oczkach.
- Wyciśnij sok ze wszystkich cytryn.
- Jajka rozbij i przełóż do małego rondelka. Następnie dodaj cukier i wymieszaj go z jajkami rózgą. Dodaj sok z cytryny.
- Rondel podgrzewaj na małym ogniu, cały czas mieszając.
- Po kilku minutach, gdy płyn stanie się ciepły, dodaj połowę masła, wciąż mieszając.
- Po mniej więcej 4 minutach, gdy masa zacznie gęstnieć, zmniejsz ogień do minimum (krem nie powinien się zagotować). Mieszaj intensywnie jeszcze przez 2 minuty i zdejmij garnek z ognia.
- Dodaj resztę masła i mieszaj, aż tłuszcz się rozpuści.
- Masę przelej do słoika i schowaj do lodówki. Pod wpływem niskiej temperatury krem zgęstnieje.

NIEZBĘDNIK

Znajdziesz tu kilkanaście praktycznych rad, które pomogą ci lepiej poczuć się w kuchni. Przeczytaj je koniecznie, nie wiadomo, kiedy mogą ci się przydać. Z poniższych wskazówek dowiesz się, jak prawidłowo rozpuścić czekoladę, jak przygotować z niej przepyszny sos, jak zrobić domowy keczup, majonez i idealny winegret. Te porady mogą być doskonałym uzupełnieniem zarówno przepisów z tej książki, jak i innych receptur, które kiedyś zechcesz zastosować. Zostawiam ci też miejsce na własne notatki, każde swoje małe odkrycie, nazwę potrawy czy przyprawy zanotuj tam koniecznie, dzięki temu powoli z początkującego kucharza zamienisz się w prawdziwego mistrza.

NA SŁONO

Bulion warzywny

Do garnka z litrem wody dodaj marchew, pora, połówkę selera, korzeń pietruszki, trochę kapusty, cebulę, ząbek czosnku. Dodaj też kilka gałązek natki pietruszki, liść laurowy, 2 ziarna ziela angielskiego, 3 ziarna czarnego pieprzu i odrobinę soli. Całość gotuj ok. 1 godziny, aż warzywa będą miękkie i oddadzą swój smak i aromat bulionowi. Na jego bazie przygotujesz sosy, zupy, pyszne risotto... Możesz go wykorzystać od razu lub przechowywać w zamrażarce.

Majonez

Przygotowanie domowego majonezu jest naprawdę proste. Potrzebne są: 1 jajko, 300 ml oleju, łyżeczka musztardy i octu winnego, odrobina soli, pieprzu i cukru. Na początku ubij lekko jajko z musztardą, octem, odrobiną soli i cukru, następnie cienkim strumieniem wlewaj olej i ubijaj masę mikserem. Potrwa to ok. 2–3 minut. Kiedy uzyskasz już pożądaną konsystencję, dopraw majonez do smaku. Ponieważ zawiera on surowe jajko, nie można go długo przechowywać i najlepiej zjeść od razu!

Keczup

Potrzebne są: ok. 1 kilograma dojrzałych pomidorów bez skórki, 1 cebula, 50 ml octu winnego, 50 g cukru, 1/2 łyżeczki ostrej papryki, 1/2 łyżeczki słodkiej papryki, sól, pieprz i oliwa z oliwek. Na oliwie przysmaż posiekaną cebulę, dodaj pokrojone pomidory, duś ok. 10 minut, zmiksuj blenderem, następnie dodaj pozostałe składniki i ponownie zmiksuj. Spróbuj, czy smak ci odpowiada, ewentualnie dodaj octu, cukru, soli i pieprzu. Gotowy keczup przelej do słoików. Jeśli je zapasteryzujesz, mogą być przechowywane nawet cały rok.

Winegret

Bez niego nie ma dobrej sałatki. Niektórzy przygotowują go z musztardą, a inni bez. Najważniejszym jednak składnikiem jest dobra oliwa z oliwek, ocet winny, sól i pierz. Do miseczki wlej ocet winny (niewiele, np. 1 łyżkę), dodaj sól i pieprz. Mieszaj, aż składniki się połączą, następnie wlej oliwę (3 razy tyle co octu) i wymieszaj dokładnie (najlepiej trzepaczką do jajek). Jeśli chcesz użyć musztardy, dodaj ją do octu lub zastąp ocet sokiem z cytryny. Tak naprawdę sekret tkwi w dobrych proporcjach i prawidłowym wymieszaniu. Pamiętaj jednak, że taki sos po pewnym czasie się rozdzieli, więc jeśli nie użyjesz go od razu, wymieszaj go ponownie.

Masło klarowane

Umieść kostkę masła w garnku z grubym dnem i podgrzewaj na bardzo małym ogniu. Gdy całe masło się rozpuści, zauważysz na wierzchu charakterystyczną białą pianę. Pozbądź się jej, zgarniając ją łyżką. Teraz ostrożnie przelej masło do innego naczynia, tak aby nie naruszyć gęściejszej białej warstwy, która osadziła się na dnie garnka. Gotowe. Z 200 g masła otrzymujesz 180 g idealnego do smażenia, do pieczenia masła klarowanego, którego główną zaletą jest nieprzypalanie się podczas smażenia oraz specyficzny smak i aromat, jakie masło oddaje potrawom. Warto przygotować go więcej, bo można przechowywać je w lodówce przez długi czas.

Masło ziołowe

Świetnie mieć je w domu. Dobrze smakuje nie tylko na kromce chleba, ale także jako dodatek do ryb i mięs. Można je przechowywać w zamrażarce, gdzie może czekać na czarną godzinę i pilną potrzebę. Aby przygotować masło ziołowe, potrzebujesz miękkiego masła i zmiażdżonego czosnku, jeśli chcesz mieć masło czosnkowe; dużo posiekanego kopru, jeśli koperkowe; płatki suszonego chili i słodką paprykę, jeśli paprykowe; bazylię, jeśli bazyliowe, *etc.* Oczywiście składniki można mieszać, dodawać to, co akurat rośnie na twoim parapecie. Gdy masło już wymieszasz, dosolisz i dopieprzysz do smaku, przełóż je na kawałek przezroczystej folii i zawiń w rulonik, podpisz i zamroź.

Oliwa smakowa

Można ją kupić w eleganckich sklepach w superwysokich cenach. Nie warto przepłacać, lepiej przygotuj ją w domu. Będą ci potrzebne: oliwa z oliwek i do wyboru czosnek, suszone chili, rozmaryn, tymianek. Oliwę przelej do garnka, dodaj do niej wybrany składnik lub składniki (np. gałązkę rozmarynu i ząbek czosnku), delikatnie podgrzewaj, aż zauważysz niewielkie bąbelki pojawiające się wokół dodatków. Wtedy zdejmij garnek z ognia, ostudź oliwę i przelej do butelki. Pamiętaj, aby przechowywać ją w ciemnym miejscu.

Papryka bez skórki

Jeśli lubisz paprykę, tak jak ja, zapewne wiesz, że jej słabą stroną jest ciężkostrawna skórka, którą nie wszyscy tolerują. Warto więc wiedzieć, jak się jej pozbyć. Aby to zrobić, rozgrzej piekarnik do temperatury 200 st. C, włóż do niego papryki na mniej więcej 15 minut, aż ich skórki zbrązowieją. Wtedy wyciągnij papryki z piekarnika i każdą z nich owiń przezroczystą folią do żywności. Odstaw do całkowitego ostudzenia. Po ściągnięciu folii bardzo łatwo pozbędziesz się skórek, używając małego nożyka.

NA SŁODKO

Czekolada w kąpieli

Może nazwa *bain marie* brzmi trochę obco i odstraszająco, ale ta metoda nie jest trudna, a z pewnością bardzo przydatna. Dlaczego? Bo czekolada nie lubi wysokiej temperatury, pod jej wpływem się przypala. Aby prawidłowo rozpuścić czekoladę, połam ją na kawałki i umieść w misce, najlepiej metalowej. W garnku zagotuj szklankę wody, nad garnkiem umieść miskę. Czekolada rozpuści się dzięki parze wodnej, która będzie ogrzewała miskę.

Karmel

Aby otrzymać karmel, potrzebujesz cukru i patelni. Patelnię należy mocno rozgrzać, wsypać na nią cukier, nie mieszać, nie dotykać i poczekać, aż zacznie się powoli roztapiać i zmieniać kolor. Im będzie ciemniejszy, im bardziej brązowy, tym bardziej gorzki. Jeśli chcesz przygotować sos karmelowy, dodaj do lekko brązowego cukru śmietankę kremówkę, jeśli przygotowujesz naleśniki Suzette (przepis patrz str. 100), dodaj trochę masła. Zastosowań karmelu jest mnóstwo, nic dziwnego, bo jest bardzo dobry.

Ciasto kruche

Można je kupić, ale namawiam do samodzielnego przygotowanie. Nie jest to trudne, a poza tym można je długo przechowywać, zarówno w lodówce, jak i w zamrażarce. Do jednej porcji potrzebne są: 200 g mąki, 100 g masła, 1 jajko, 2 łyżki cukru pudru (ale tylko jeśli ciasto ma być na słodko, do słonej wersji zamiast cukru pudru dodaj 2 łyżki mąki) i szczypta soli. Masło pokrój na małe kawałki i wymieszaj w misce lub na stolnicy z mąką, jajkiem, solą i ewentualnie z cukrem. Ciasto należy wyrabiać bardzo szybko, ponieważ zawiera sporo masła i może się rozpuścić. Z ciasta powinno dać się ulepić kulkę, jeśli jest za sypkie, dodaj odrobinę zimnej wody. Owiń szczelnie w przezroczystą folię i schowaj do lodówki. Ciasto musi się dobrze schłodzić. Wałkowanie i pieczenie możesz rozpocząć najwcześniej po półgodzinnym „odpoczynku" w lodówce.

Domowy cukier waniliowy

Czy wiesz, że sprzedawany w sklepach cukier waniliowy nie ma nic wspólnego z wanilią? Lepiej przygotować go sobie samemu w domu. Potrzebujesz 400 g cukru i laski wanilii. Cukier umieść w misie robota kuchennego, wanilię przekrój, nożykiem wyciągnij z niej ziarenka i dodaj je do cukru. Następnie pokrój laskę ostrym nożem, również dodaj do cukru. Włącz robot na pełne obroty na 2–3 minuty i gotowe. Ach, ten aromat! Możliwe że w cukrze pozostały większe kawałki wanilii, które są dość twarde, warto więc przesiać go przed umieszczeniem w szczelnie zamkniętym słoiku!

Orzechy bez skórki

Skórka na orzechach bywa gorzka, często w przepisach każą nam ją ściągać. Jak? Rozgrzej piekarnik do temperatury 200 st. C, na głęboką blaszkę do pieczenia wysyp orzechy, np. laskowe, i wstaw je na mniej więcej 10 minut, mieszając od czasu do czasu. Po 10 minutach wyjmij je z piekarnika, przesyp na ściereczkę, złóż ją i zacznij trzeć przez nią orzechy. W ten sposób pozbywasz się skórki. Jeśli nie udało ci się ściągnąć całej skórki, ponownie wykonaj tę samą czynność. Orzechy pozbawione skórki możesz zmielić w robocie kuchennym, a następnie przygotować z nich np. krem czekoladowy (przepis na str. 150).

Lukier cytrynowy

Umiejętność robienia lukru przyda ci się, gdy zaczniesz dekorować pierniczki przed świętami lub gdy zechcesz polać nim dowolne inne ciasto (choć znam takich, którzy lukrem niczego nie polewają, tylko go zjadają). Potrzebny ci będzie przesiany cukier puder i sok z cytryny. Jeśli bierzesz szklankę cukru, dodajesz 2 łyżki soku, mieszasz i gotowe. Lukier nie może być za rzadki, bo spłynie na talerz, a nie zostanie na ciasteczku lub babeczce itp. Niektórzy połowę soku zastępują białkiem, dzięki czemu lukier jest bardziej błyszczący. Dodając odrobinę barwników spożywczych, możesz otrzymać dowolny kolor lukru.

Sos waniliowy

Sos waniliowy jest ponadczasowy i uniwersalny. Nazywany jest kremem angielskim i w oryginalnej recepturze nie dodaje się do niego mąki, jest wtedy lepszy, ale dużo trudniejszy w przygotowaniu. A więc potrzebujesz 500 ml mleka, 80 g cukru, laski wanilii, 4 żółtek i 2 łyżeczek mąki ziemniaczanej (jeśli jesteś sprawnym kucharzem, pomiń ją). Mleko zagotuj z połową cukru i rozkrojoną laską wanilii. Żółtka wymieszaj z pozostałym cukrem i mąką. Część gorącego mleka dodaj do żółtek, wymieszaj i przelej masę żółtkową z powrotem do garnka. Gotuj na małym ogniu, cały czas mieszając, sos powinien zgęstnieć, ale nie może się zagotować (jeśli masz termometr kuchenny: sos ma osiągnąć temperaturę 82 st. C). Przed podaniem przelej sos przez sitko, które zatrzyma ewentualne małe grudki i zużytą laskę wanilii.

Sos czekoladowy

Mając sos czekoladowy, masz tak naprawdę prawie gotowy deser. Potrzebujesz jeszcze lodów albo owoców, np. gruszek. Składniki sosu to: 100 ml śmietanki 30%, 100 g czekolady (gorzkiej lub mlecznej w zależności od tego, jaki smak sosu chcesz uzyskać). Śmietankę zagotuj. Czekoladę drobno posiekaj, przełóż do miseczki i wlej do niej gorącą śmietankę. Poczekaj chwilę, wymieszaj i gotowe.

PODZIĘKOWANIA

Dziękuję.
Dziękuję wszystkim, którzy pomogli mi przy realizacji tej książki: rodzinie i przyjaciołom za to, że wyrażali opinie na temat dań i nie pozostawiali na talerzach nawet okruszka, szczególnie mamie, która zdradziła mi dwa sekretne przepisy mojej babci.
Nie byłoby książki *Pyszne 25* bez programu emitowanego na antenie TVN Style. Dlatego pragnę gorąco podziękować Małgosi Łupinie za możliwość gotowania na ekranie oraz całej ekipie, która pracowała przy programie.
Dziękuję redakcji DD TVN, a szczególnie Tinie, która dawno temu wypatrzyła mnie na castingu do konkursu „Gotuj o wszystko", a od tego wszystko się zaczęło...
Dziękuję pracownikom Znaku, a przede wszystkim Krzysztofowi, bez którego ta książka nigdy by nie powstała.
Dziękuję Piotrowi i Marcie za smaczne zdjęcia i za próby odgadnięcia tego, co tym razem mam na myśli.
Dziękuję Maciejowi za to, że był przy mnie, gdy tego potrzebowałam, i wspierał mnie na każdym etapie mojej pracy.

Projekt okładki
madeinbrain.com

Fotografia na pierwszej stronie okładki
stylizacja: Marta Skutnik/madeinbrain.com
zdjęcia: Piotr Bolko/madeinbrain.com

Fotografie w książce
stylizacja: Danuta Bolko i Marta Skutnik / madeinbrain.com
zdjęcia: Piotr Bolko / madeinbrain.com

Opieka redakcyjna
Julita Cisowska
Krzysztof Janiczek

Adiustacja
Urszula Horecka

Korekta
Barbara Gąsiorowska

Opracowanie typograficzne i łamanie
Irena Jagocha

ISBN 978-83-240-2390-5

Książki z dobrej strony: www.znak.com.pl
Społeczny Instytut Wydawniczy Znak, 30-105 Kraków, ul. Kościuszki 37
Dział sprzedaży: tel. 12 61 99 569, e-mail: czytelnicy@znak.com.pl
Wydanie I, Kraków 2013
Druk: Drukarnia Colonel, Kraków

Notatki

Notatki

Notatki

Notatki

Notatki